はしがき

比叡山は、現在でも祈りの山、修行の山として、俗世界とは異なった山岳空間を有している。最澄（伝教大師、七六六、一説七六七〜八二二。以下、七六六年生誕説を採用）は二十歳（七八五）の時に比叡山に登って草庵を構え、二十三歳（七八八）になって一乗止観院を創建した。延暦寺という寺号が下賜されたのは、最澄が没した翌年の弘仁十四年（八二三）二月のことであり、在俗の地を隔てた寺院としての伝統が大きな特色となる。京都から見れば鬼門、すなわち艮《うしとら》（東北）に位置し、平安京を守護する役割を担ったのである。最澄の入山により、学問の山、修行の山としての位置づけが確立していくのであり、比叡山は日本の思想や文化の淵源となり、様々な場面において多大な影響力を持つことになった。それらは、日本の古典文学を紐解くことでも明らかとなる。

そもそも、日本の仏教は教学・思想研究と修行・実践を主軸として、仏像・絵画・仏具等の制作、堂舎の建築、音楽等、様々な構成要素から成り立ち、出家者だけでなく、人々の衣・食・住、行・住・坐・臥という日常生活全てに関わっている。そして、仏教そのものが時代による変容・展開を伴いつつも、仏教思想としての意義の継承を目指して来たと言える。

本書で引用するように、最澄は二十歳の時に「願文」をしたためた。その中に、比叡山中において六根相似《ろっこんそうじ》位《い》に至ることを目標とする記述が見られる。この六根相似位という位は、天台教学の修行階梯を示す用語であり、六根清浄《しょうじょう》位と換言できる。その当時の最澄が天台教学にどの程度通暁していたか不明であるが、この修行の階梯に注目したのは、天台大師智顗《ちぎ》（五三八〜五九七）の『天台小止観』とそれを踏襲した法進《はっしん》（七〇九〜七七八）の『沙弥《しゃみ》十戒《じっかい》并《ならびに》威儀経疏《いぎぎょうしょ》』のうちの一書か両書に依ると考えられる。『天台小止観』や『沙弥十戒并威儀経疏』巻一には、六根清浄を獲得することが、仏の境界に入ることであると明記されているからである。「六根清浄」は最晩年の最澄にとっても、天台法華宗における要語であった。現在、「六根清浄」という言葉は、修験道等の山岳宗教に浸透し、その語を唱えることは根本的な活動になっている。智顗によって宣揚され、最澄を経て、形を変えて日本宗教の中に溶け込んだ伝承と言えるであろう。

また、日本天台宗では現在「一隅を照らす運動」を積極的に展開している。そして、その根拠は最澄直筆の「照千一隅」という四文字に求められる。その「天台法華宗年分学《ねんぶんがく》生《しょう》式」（六条式）の文章は本書で全文を引用しているように、「国宝」の解釈に関わる言葉である。原文は、誰が見ても「千」と書いてある。ところが、「千」を「于」の字と捉えて、「照于一隅」と理解したのである。一方、「照千一隅」が正しいとする研究者たちがいる。それは、最澄が依拠した文献に、「照千里」と「守一隅」と明記されていることが根拠になっている。これは貴重な指摘であった。しかし、一様に「照千一隅」をそのままでは読むことができないと論じてしまったのである。しかも、その証左として、有名な語ではあるが、誰が作ったか分からない「超八醍醐」という用語までその根拠に挙げるに至っている。

　私は、そういった意味を含めて両説に問題があると思っている。実は、最澄が基づいた『止《し》観輔行伝弘《かんぶぎょうでんぐ》決《けつ》』の文章は、伝教大師全集所収の偽撰書『天台法華宗学生式問答』で引用され、「照千里」と「守一隅」の箇所も明記されているのである。私見では、最澄は正統な漢文として「照千一隅」と書いたのであり、それは「千（里）を一隅に（おいて）照らす」、つまり比叡山を一隅と捉え、一隅を守りつつ、そこから千里を照らすと読めることから、それが最澄の本意であったと考えている。

　そもそも、「天台法華宗年分学生式」（六条式）は、最澄畢生の願いであった大乗戒による天台宗の独立を奏上する文書であり、その立場から止《し》観業《かんごう》と遮那《しゃな》業《ごう》の年分度者が修学すべき事柄等が記されている。要するに、晩年の最澄が朝廷や、比叡山で修学する学生たちに対して、祈りにも似た期待を込めた文献なのである。このように見てくると、「一隅を照らす」では、本来、最澄が意図するところとは些か異なった理解になっているように見える。しかしながら「一隅を照らす運動」は最澄の言葉を活用しての運動であり、時代による変遷に基づく現代的な見地に立っての運動と言えるであろう。

日本天台の宗祖である最澄の主張や思想が、後世にそのまま継承されるわけではないのである。そのことは、釈迦と仏教思想の関係を考えれば自明の理であろう。特に、中古天台と言われる日本中世の時代には、現在、天台本覚思想、或いは本覚思想と呼ばれる教義が興隆した。それは、本覚という言葉の多用に基づく呼称であり、中国天台の教学が有する一面でもある現実肯定的な思想を極端に強調するもので、ある意味で逸脱とも言える面を持つ。特に、その展開において源信を祖とする恵心流と、覚運を祖とする檀那流という恵檀両流による口伝法門が、それぞれ独特の法門を形成していくが、その両流は交流もあったので、両流における同異の検討は大きな課題である。

そのような中、最澄が作った「無作三身《むささんじん》」という語の活用には注目すべきものがある。このことについても本文で言及するように、最澄は『守護国界章』で法相宗の報身は「有《う》為《い》の報仏、夢裏の権果《ごんか》」であると批判して、天台宗では報身智が常住であるとする立場から、自身の主張として「無作の三身、覚前の実仏」と説くのである。この「無作三身、覚前実仏」は難解な発言であり、実はよく分からないところもある。しかし、「無作三身」の語は、中古天台における最重要語の一つとして多彩に機能することになるのである。ここでは、一つの視点を示しておきたい。

この無作三身について、初期の本覚思想文献では必ずしも特別には注目されていない。しかし、後に恵心流ではこの語による現実肯定思想を殊更に強調するようになり、それは檀那流にも影響を与えている。

要点としては、そもそも最澄が論じたのは、仏の法身・報身・応身という三身の中の報身であり、最澄は報身の智が常住であることを主張したのである。天台教学においては、三身は一体であり、「無作」の語は天台円教の立場を意味する言葉であるので、そのような見地から最澄が「無作三身」という語を作ったことが推察される。しかし、ここでの議論は報身智である。そこで、一般的に報身を自受用身と他受用身という二身に分類する場合、智は自受用身に該当するので、無作三身は自受用身であるという解釈がなされた。ところが、それだけでは現実肯定思想には結びつかない。そこで、強調されたのが、自受用身という仏身の遍在性である。天台教学に基づけば、全ての仏身は遍在性を有するのであるが、独特の観点から最澄説を継承して、自受用身の遍在性が力説されたのである。

その結果、依報《えほう》（環境世界）と正報《しょうぼう》（衆生の身心）の全て、つまり依正二報が悉く自受用身の境界であり、無作三身であるという教義が成立した。従って、無作三身を直接、依正二報に該当させ、一切衆生やその眼前の世界が全て無作三身の顕現であると捉える見解が示されるようになるのである。簡単に言えば、波の音や風の音も無作三身の説法であると論ずることになる。一見すると、やや分かりにくいところがあるかもしれないが、日本天台における現実肯定思想に「無作三身」という新たな根拠が加わったことは重要である。このことも、最澄の意図を超えての主張と言えるが、中古天台における本覚思想の要諦として、広範な影響力を持った。

比叡山からは、最澄の後、円仁（慈覚大師、七九四～八六四）と円珍（智証大師、八一四～八九一）という入唐僧が出現し、密教の不備を補った。その密教は最新のものであったので、日本の密教を牽引する力を持つことになった。その後、円仁の弟子であった安然（八四一～八八九～、一説九一五没）はそれまでの密教を集大成し、台密を完成した。台密の特色は、中国天台の教学との融合が企図されているところに求められる。その教学を表す用語が「円密一致」である。安然は最澄が伝えた密教を相承し、その分析も行った。また、最澄の教学を尊重し、法相宗に対する最澄の立場を踏襲したことも見逃せない。

台密は、その後も聯綿として継承され、川谷《かわたに》二流、すなわち覚超（九六〇～一〇三四）

の川流と皇慶（九七七〜一〇四九）の谷流、更には谷流の分派による台密諸流の形成へと繋がる。

覚超の川流は早くに衰退する。その覚超の師が良源（九一二〜九八五）であり、良源が川流の祖とされることもある。良源は、『往生要集』の撰述者として有名な源信（九四二〜一〇一七）の師としてもよく知られる。良源は比叡山中興の祖として活躍した人物であり、慈恵（慈慧）の諡号によって慈恵（慈慧）大師と呼ばれる。

その後、源平（源氏と平氏）の擾乱《じょうらん》を知ることなく研究に没頭していたと伝えられる証真（一一三〇年代頃〜一二一〇年代頃）や、証真とほぼ同時代の人物で、天台座主に四度就任した慈円（一一五五〜一二二五）といった著名な学匠のみならず、多くの僧侶たちが伝灯を保って来た。

また、常に言われることであるが、鎌倉仏教各宗の祖師となる浄土宗の法然（一一三三〜一二一二）、臨済宗の栄西（一一四一〜一二一五）、浄土真宗の親鸞（一一七三〜一二六二）、曹洞宗の道元（一二〇〇〜一二五三）、日蓮宗の日蓮（一二二二〜一二八二）らは、皆、比叡山で修行した。比叡山を中心とする天台宗は、日本仏教の母胎としての役割を果たしていたのである。諸師の教えの中に、最澄の目指した仏教が脈打っていると言える。本書では平安初期より後のことについては殆ど述べていないが、最澄の入山以来、比叡山は日本の文化や宗教の中心地としての役割を果たして来たのである。

目次

伝教大師　最澄

序章　天台宗と最澄

鑑真から最澄へ

中国天台宗の文献を日本にもたらした僧侶として、鑑真（六八八〜七六三）が知られている。鑑真は六回目の渡航で漸く日本に到着した。鑑真の伝記に淡海三船《おうみのみふね》（七二二〜七八五）撰『唐大和上東征伝《とうだいわじょうとうせいでん》』があり、「大和上は天宝二載（七四三）従《よ》り始めて、伝戒の為に五度装束《しょうぞく》して、渡海艱辛《かんしん》し、漂廻《ひょうえ》せらると雖《いえど》も、本願退かず。第六度に至って日本に過《わた》る。……唯《ただ》、大和上と学問僧普照《ふしょう》と天台僧思託《したく》とのみ有って、始終六度、十二年を経逾《きょうゆ》して、遂に本願を果《はた》し、来りて聖戒を伝う。」と記されている。そこに見られる「天台僧思託」の名は注目されるし、また同書の記述によって、『止観法門』（『円頓《えんどん》止観』か）十巻、『法華玄義』十巻、『法華文句』十巻といういわゆる天台三大部や、大本『四教義』十二巻、『天台小止観』一巻等の基礎文献が伝えられたことが窺える。

更に言えば、まさに最澄（七六六〜八二二）が、智顗の晩年の思想が知られる『維摩経文疏《ゆいまきょうもんじょ》』を引用したことから、同書も鑑真が日本に伝えたと推察されている。実は『維摩経文疏』や、同書を湛然が刪略した『維摩経略疏』には、日本天台にとって極めて重要な思想が見出される。例えば、それらに示される「法身説法」の語やその解説は、最澄は言及しなかったが、最澄を受け継ぐ後の学匠たちに多大な影響を与えることになる。

平安時代初期の仏教は密教の導入を最大の特色とする。そして、その思想の中心とも言うべき主張が「法身説法」と「即身成仏」である。しかしながら、そういった教義は、既に中国天台で醸成されていたのであり、特に最澄においては天台教学に準じた即身成仏思想を主張したことが注目される。

こういった教義は、それを論ずる学匠によって、それぞれ異なった理解がなされるのが一般的となっている。とは言え、日本天台宗では共通する基盤として中国天台の教義を根本に据えるのであり、それが底流となっている。そして、それに加えて、日本天台では最澄の教義が出発点となり、その主張が更に後に継承されるのである。

また、特に日本天台の立場を包括的に言うならば、最澄が『法華経』を中心とした天台教学に併せて『大日経』等の密教を対等のものとして並立したことが、円密一致という大枠的特色を生成することになったのである。つまり、智顗が樹立した蔵・通・別・円（三蔵教・通教・別教・円教）という四教による分類は円教を重んずるものであり、その『法華経』を中心とする円教と、智顗の時代にはなかった密教とを二つの柱として、それらの融合を説くことを「円密一致」という言葉で捉え、日本天台の特色とする。

最澄の相承

中国天台の相承を高祖から第六祖まで示せば、智顗―灌頂―智威―慧威―玄朗―湛然となる。最澄が師事したのが湛然《たんねん》（七一一〜七八二）の弟子であり、第七祖道邃《どうずい》（生没年不詳）と行満《ぎょうまん》（一説、七三七〜八二四）からの伝法がなされた。なお、智顗《ちぎ》（五三八〜五九七）の前に慧文《えもん》―慧思を第一祖・第二祖として加える相承説もあり、その場合、智顗は第三祖となる。その中、慧思（五一五〜五七七）の撰述と伝えられる『大乗止観法門』は最澄の思想を考える場合、重要な役割を果たしている。慧思は南岳大師とも言われ、日本の聖徳太子（五七四〜六二二）は慧思の生まれ変わりであるという南岳後身説も知られている。

師資相承、最澄においては師師相承とも記される師からの伝承は、権威として重要な意味を持つ。最澄は入唐する以前に、比叡山に入り、日本国内で活躍していたが、入唐《にっとう》は不可欠であった。唐土における求法を還学生《げんがくしょう》という短期在留の資格で果たし、帰国した翌年、延暦二十五年（八〇六）正月、日本天台宗が天台法華宗として公認され、独立開宗というべき時を迎えることになる。

最澄の中国における相承は、台州《たいしゅう》における天台法門が中心であるが、それだけでなく、帰国間際に越州《えつしゅう》において、偶然ともいうべき順暁阿闍梨《じゅんぎょうあじゃり》（生没年不詳）との出会いがあったことにより、密教を伝えることができた。延暦二十四年（八〇五）六月に帰朝し、その年の九月に高雄山寺《たかおさんじ》で日本国最初の灌頂《かんじょう》を修《しゅ》することになったのも、越州での受法に基づいている。そして、翌年正月に天台法華宗はそれぞれ天台と密教とを専門とする止観業《しかんごう》と遮那業《しゃなごう》という年分度者を賜ることで一宗として認められることになるのである。

密教の展開

但し、最澄の密教は不十分なものであった。従って、最澄と同時期に入唐した空海（七七四〜八三五）が帰国してからは、空海が体系的な密教を伝えた第一人者として活躍することになる。最澄の課題は密教を充足し、不備を補うことにあったので、空海との交流を深めつつ、空海に指導を仰ぐことになる。弘仁三年（八一二）に、最澄が空海から、『金剛頂経』（『金剛頂一切如来真実摂大乗現証大教王経』）に基づく金剛界と、『大日経』（『大毘盧遮那成仏神変加持経』）に基づく胎蔵界の灌頂を授けられたことには幾つかの重要な意義が認められるが、その数年後には二人の関係は途絶する。

なお、「胎蔵界」という呼称は本来は「胎蔵」のみであったが、最澄の孫弟子に当たる安然《あんねん》（八四一～八八九～、一説九一五没）により「金剛界」と並んで活用されるようになり、それが日本では一般的になっていくので、本書では「胎蔵」ではなく「胎蔵界」の語を用いる。ともかく、比叡山の密教を完備するのは弟子たちの課題になり、それを果たすことになるのが、円仁（七九四～八六四）である。安然は円仁を尊敬し、その教義を継承・発展させることで天台密教（台密）を大成する。

法相宗との論争

晩年の最澄の活動は大きく分けて、法相宗の徳一《とくいつ》（生没年不詳）との間で行った三一権《さんいちごん》実《じつ》論争と、大乗戒独立との二つである。

最初の三一権実論争とは、三乗と一乗の権・実を判ずるもので、法華一乗を標榜する天台宗は、当然、あらゆる衆生が成仏できるとする一乗思想を「実」、そうではない三乗思想を「権」と看做す。それと真っ向から対立するのが法相宗（唯識）の立場であり、成仏できる者とできない者は先天的に決まっていると説く、いわゆる五性（五姓）各別説を主張する。法相宗は奈良時代の代表的学派であり南都六宗の一つとして知られている。但し、徳一は奈良ではなく、会津に住んでいた。その論争は、客観的に見れば、それぞれが依拠としての経論を持つのであるから、決着することはない。最澄と徳一との議論も、互いを激しく非難するものである。その中に、最澄ならではの主張も見出され、最澄の思索として注目すべきものがあることは見逃せないであろう。この論争は、最澄・徳一以後も継承され、天台と法相とが互いに譲ることのない議論は、宮中の清涼殿における「応和の宗論」（応和三年、九六三）のように、一大行事として催されることもあった。

大乗戒独立

もう一つの、大乗戒独立は、大乗戒壇独立と言われることもあるが、最澄自らは戒壇建立とは述べていないことから、大乗戒独立という表現の方が好まれている。

具体的にはどういうことかと言うと、最澄自身も僧侶になるために東大寺で受けた具足戒、つまり二百五十戒を棄捨して、『梵網経《ぼんもうきょう》』に基づく十重《じゅうじゅう》四十八軽《しじゅうはちきょう》戒《かい》のみの受戒で天台宗の独立を企図したのである。それが容易には認許されなかったことは直ちに予測されるであろう。その勅許や太政官符による伝達は、最澄が没した弘仁十三年（八二二）六月四日前後のことであった。『梵網経』に基づく梵網戒は円頓戒《えんどんかい》と呼ばれ、その伝授は現在に至るまで継承されている。

日本天台宗の重要性

最澄の仏教は、円・密・禅・戒の四宗相承と言われ、融合性を特色とする。その融合性・総合性は中国天台の特色でもあるが、新しい密教の法門を導入したことが日本天台ならではの方向性を決定した。特に、円仁や円珍が最新の密教をもたらしたことは、空海の密教を凌ぐほどの勢力を与えることになった。加えて、浄土教や山王神道も日本天台の重要法門となっていく。最澄と弟子の円仁は、貞観八年（八六六）七月にそれぞれ伝教大師と慈覚大師という大師号を賜った。日本最初の大師の誕生である。

最澄が開創した日本天台宗は日本の文化や思想を育む母胎となっていく。それは、比叡山が学問の山、修行の山として、多彩な人材を輩出して来たことからも知られよう。鎌倉仏教の祖師たちが比叡山で研鑽したことも周知のことである。文化伝承の媒体が言語であることから言えば、例えば、『法華経』の中の言葉が日本語として採り入れられ、いわゆる呉音という音で浸透し、現在に至っているようなことにもその影響が看て取れる。文学や音楽（声明《しょうみょう》）、或いは建築・仏像・仏画・仏具等、総合芸術の一環として捉えることが可能な領域への貢献も多大であったことが推察されるであろう。

第一章

生誕から青年への成長

最澄の出自

最澄の生涯を知るための根本資料は、一乗忠撰『叡山大師伝』である。人名を一文字で示しているため、「忠」は最澄の弟子であった人物のうち仁忠（生没年不詳）と考えられていたが、同じく最澄の弟子であった真忠（生没年不詳）とする説も有力になっている。

『叡山大師伝』は、「大師、諱《いみな》は最澄、俗姓は三津首《みつのおびと》、滋賀の人なり。先祖は後漢（二五〜二二〇）の孝献帝の苗裔、登萬貴王なり。」で始まる。そして、その後に父の名が百枝《ももえ》であることが記されている。一般にこの説を採用し、三津首百枝が最澄の父親の名前となる。しかし、冒頭には生年の記載は見られない。そこで、『叡山大師伝』から生年を探る場合には、伝記の没年の記述から逆算することになる。

すなわち、『叡山大師伝』には、「弘仁十三年歳《ほし》壬寅に次《やど》る六月四日辰の時、比叡山中道院に於いて、右脇にして寂滅に入る。春秋五十六なり。」と示されている。同様のことが最澄の弟子光定《こうじょう》（七七九〜八五八）が著した『伝述一心戒文』巻下にも、「弘仁十三年四月十五日、預《あらかじ》め入滅を知り、天台の法、並びに院内の総事を前の入唐弟子僧義真に付属し畢《おわ》んぬ。六月四日、怡然《いぜん》として遷化《せんげ》す。春秋五十有六なり。」と記されている。要するに、最澄が没したのは弘仁十三年（八二二）六月四日ということであり、これは確定事項となる。そして、その年に五十六歳であることに基づいて生誕年を計算すると、神護景雲元年（七六七）に生まれたことになる。かつては、この説が中心であり、現在でも、日本の代表的な辞書の一つ（『広辞苑』）が採択しているためしばしば用いられている。しかし、近年は天平神護二年（七六六）説が有力になり、別の有力な辞書（『日本国語大辞典』）ではそれを採用している。なお、最澄の伝記に関する現時点での集大成とも言うべき研究が佐伯有清氏（一九二五～二〇〇五）の諸著作であり、『叡山大師伝』については、『伝教大師伝の研究』がある。

その、天平神護二年（七六六）生誕説は京都の来迎院に伝わる国宝の公文書から導かれる。尤も、その文書は突如出現したものではなく、江戸時代の『天台霞票《かひょう》』（二編之一）でも扱われている。しかし、それに依拠すべきことが論じられたのは最近のことである。その公文書は、「（近江国）府牒《ふちょう》」（「国府牒」）・「度縁」・「僧綱牒《そうごうちょう》」という三種の文書であり、最初の二つは案文（複文）であり、「僧綱牒」は僧綱の押印や直筆の署名が見られる正文である。煩雑であるが、順に示しておく。

【近江国府牒】

府牒　国師所

応《まさ》に得度《とくど》すべき壱人

三津首広野年拾伍　滋賀郡古市郷の戸主正八位下三津首浄足の戸口

法華経壱部　最勝王経壱部

薬師経壱巻　金剛般若経壱巻

方広経開題　唱礼を具す　金蔵論我慢章壱巻

三宝論壱巻　俗典二巻　を読む

牒《ちょう》す。治部省の去る十月十日の符を被《こうむ》るに偁《いわ》く、〈太政官の今月五日の符を被るに偁く、〈近江の国の解を得るに偁く、〈国分寺の僧最寂死闕《しけつ》の替、応に得度せしむべきこと件《くだん》の如し、〉と。者《て》えれば、省宜《よろし》く承知して例に依《よ》って施行すべし、〉と。者えれば、国宜く承知して例に依って得度せしむべし、〉と。者えれば、国、符の旨に依って牒送ること件の如し。宜く此の状を察して符に依って施行すべし。今状を以《もっ》て牒す。

宝亀十一年十一月十日

大掾《だいじょう》　藤原朝臣係彦《つぐひこ》

【度縁】

沙弥《しゃみ》最澄年十八　近江国滋賀郡古市郷の戸主正八位下三津首浄足の戸口同姓広野

黒子　頸左一　左肘折上一

右、治部省の宝亀十一年十月十日の符を被るに偁く、太政官の同月五日の符を被るに偁く、〈近江国国分寺僧最寂死闕の替、応に得度せしむべし、〉と。者えれば、十一月十二日、国分金光明寺に得度す。

師主左京大安寺伝灯法師位行表

延暦二年正月二十日

大国師伝灯法師位行表

中国師伝灯法師

少国師伝灯満位妙定

少国師習学住位花柏

国、案内を検するに、省符灼然《しゃくねん》たり。仍《よ》って度縁を追与す。

参議正四位下行左衛士督兼守藤原朝臣在京　従五位下行大掾橘朝臣暇

従五位下介大伴宿禰継人　外従五位下行右衛士少尉兼少掾律連改

正六位上行大目調忌寸家主

従六位上行少目勲十一等酒部造入部
従七位上行少目秦忌寸在京

【僧綱牒】
僧綱、近江の国師に牒す
　今年、受戒の僧の事
僧最澄年廿　近江国滋賀郡古市郷の戸主正八位下三津首浄足の戸口同姓広野
　黒子　頸の左に一つ　左の肘折上に一つ
牒す。上の件《くだん》の僧、今年を以て受戒することに已《すで》に畢《おわ》んぬ。国師承知し、国司を経《へ》て、国分寺の僧帳に編附せよ。今状を以て下《くだ》す。牒到れば奉行せよ。
延暦四年四月六日従儀師常耀
大僧都賢璟　威儀師明道
少僧都行賀　威儀師乗万
律　師
律　師玄憐

以下、参考までに原文を示しておく。

【近江国府牒】

府牒　国師所

応得度壱人

三津首広野年拾伍　滋賀郡古市郷戸主正八位下三津首浄足戸口

読法華経壱部　最勝王経壱部

薬師経壱巻　金剛般若経壱巻

方広経開題　具唱礼　金蔵論我慢章壱巻

三宝論壱巻　俗典二巻

牒。被治部省去十月十日符偁、〔被太政官今月五日符偁、〔得近江国解偁、〈国分寺僧最寂死闕之替、応得度如件。〉者、省宜承知依例施行。〕者、国宜承知依例得度。〕者、国依符旨牒送如件。宜察此状依符施行。今以状牒。

宝亀十一年十一月十日

大掾藤原朝臣係彦

【度縁】

沙弥最澄年十八　近江国滋賀郡古市郷戸主正八位下三津首浄足戸口同姓広野

黒子　頸左一　左肘折上一

右、被治部省宝亀十一年十月十日符偁、被太政官同月五日符偁、〈近江国国分寺僧最寂死闕之替、応得度。〉者、十一月十二日、国分金光明寺得度。

師主左京大安寺伝灯法師位行表

延暦二年正月二十日

大国師伝灯法師位行表

中国師伝灯法師

少国師伝灯満位妙定

少国師習学住位花柏

国検案内、省符灼然。仍追与度縁。

参議正四位下行左衛士督兼守藤原朝臣在京　従五位下行大掾橘朝臣暇

外従五位下行右衛士少尉兼少掾律連改

従五位下介大伴宿禰継人　正六位上行大目調忌寸家主

従六位上行少目勲十一等酒部造入部

従七位上行少目秦忌寸在京

【僧綱牒】

僧綱、牒近江国師

今年、受戒僧事

僧最澄年廿　近江国滋賀郡古市郷戸主正八位下三津首浄足戸口同姓広野
黒子　頸　左一　左肘折上一

牒。上件僧、以今年受戒已畢。国師承知、経於国司、編附国分寺僧帳。今以状下。牒到奉行。

延暦四年四月六日従儀師常耀

大僧都賢璟　威儀師明道
少僧都行賀　威儀師乗万
律　師
律　師玄憐

これらの文書に示される、要点のみを記しておく。最初に記した「(近江国)府牒」で

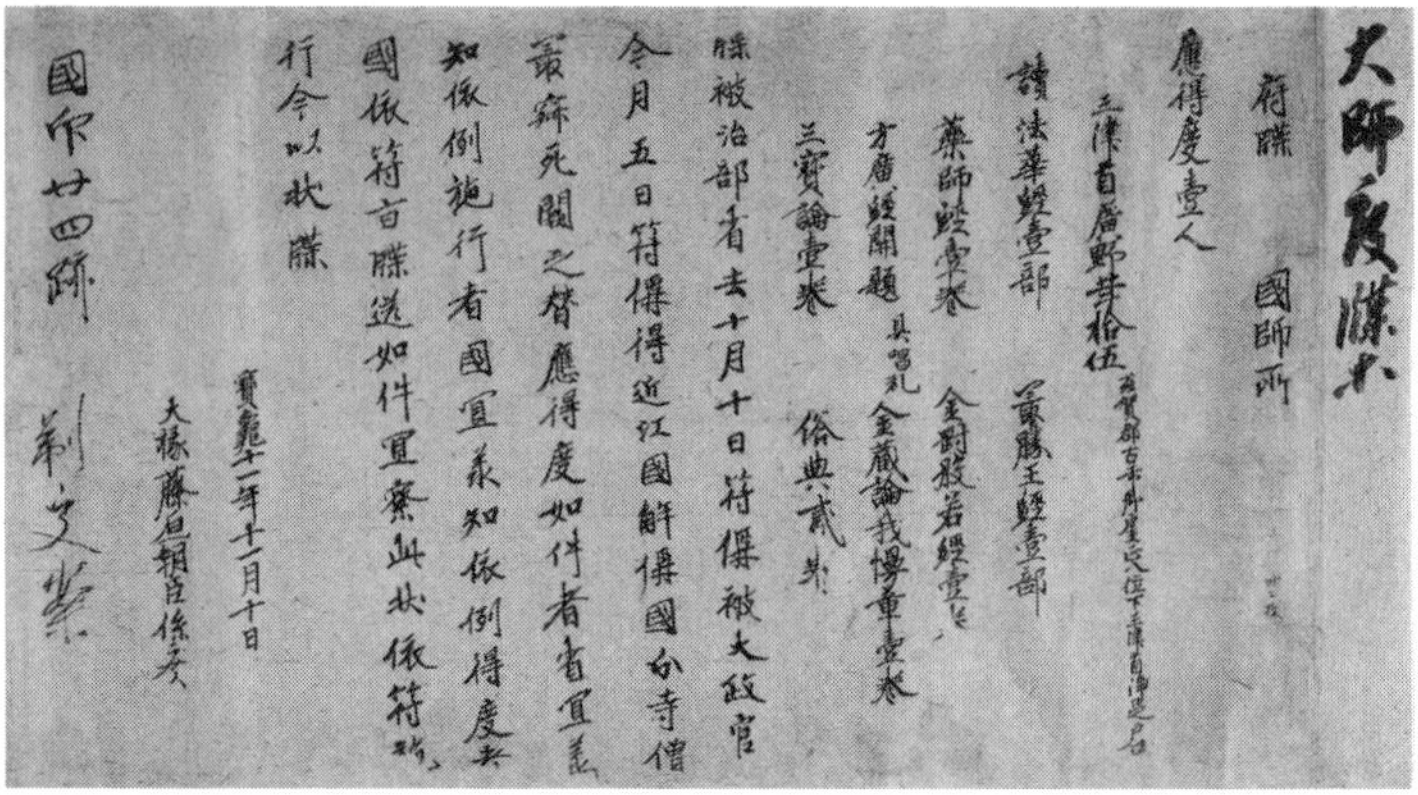

国宝　伝教大師度縁案並僧綱牒（京都・来迎院蔵）

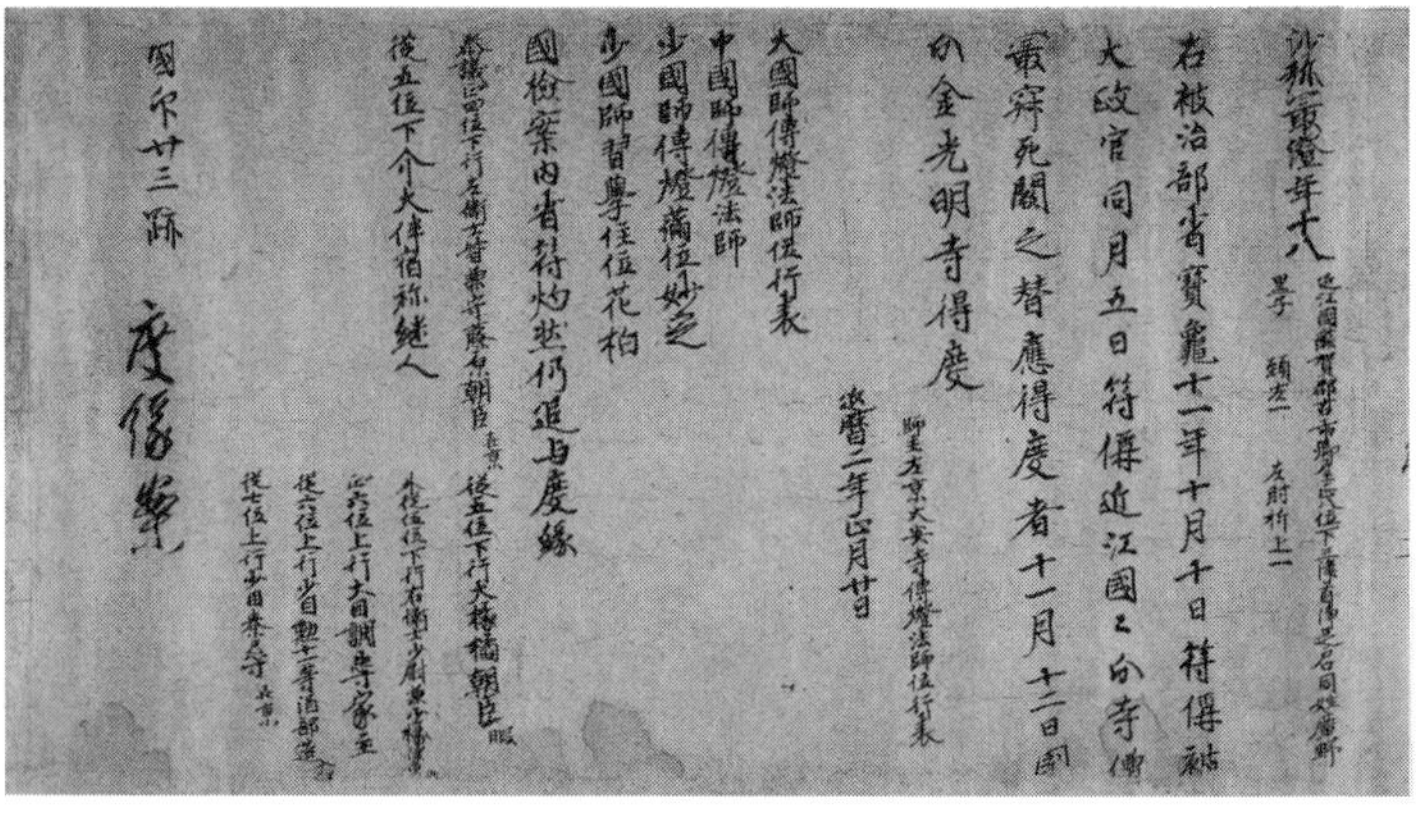

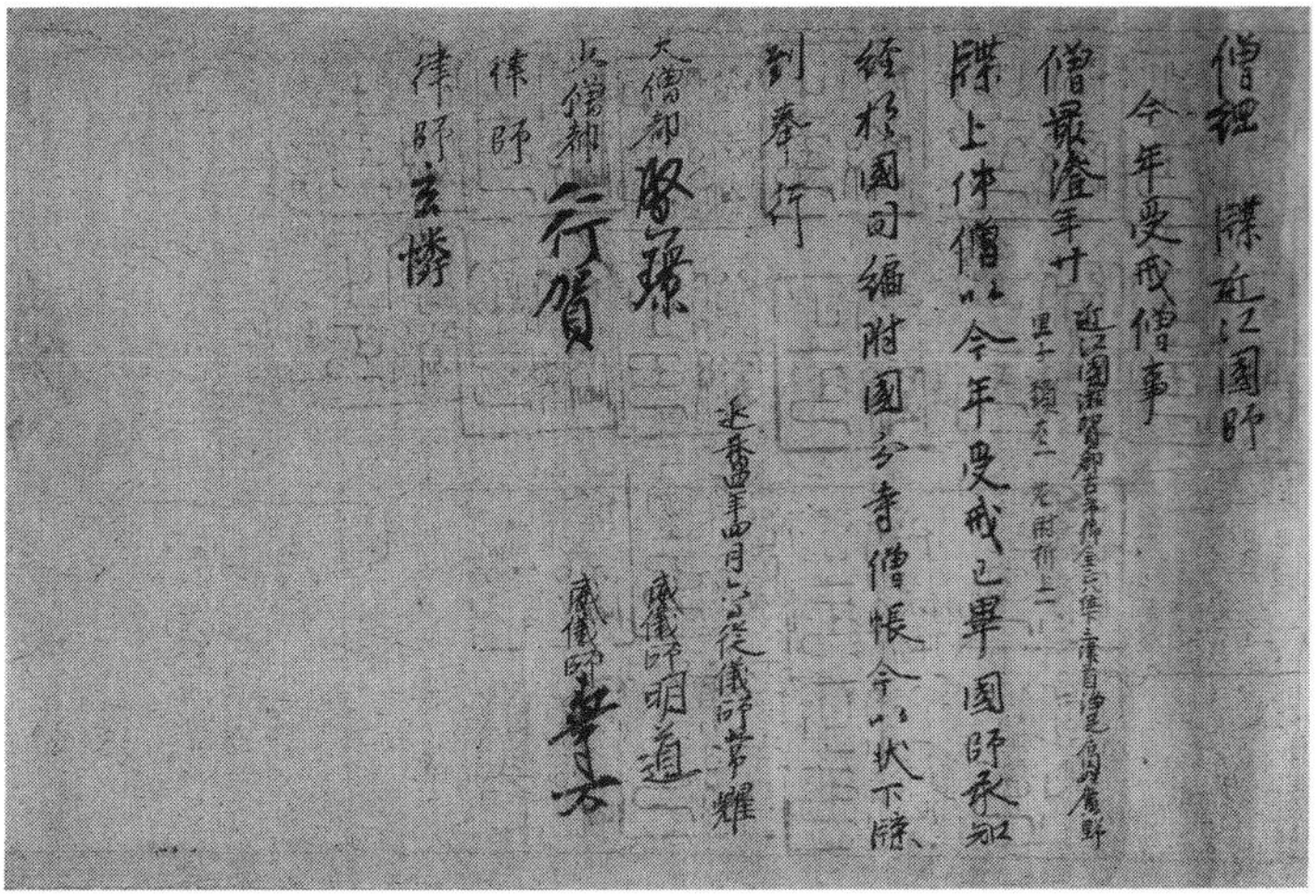

僧綱　牒近江国師
今年受戒僧事
僧最澄年廿　近江国滋賀郡古市郷戸主正八位下三津首浄足戸口同姓広野
黒子　頸左一　左肘折上一
牒上件僧以今年受戒已畢　国師承知
経彼国司編附国分寺僧帳　今以状下牒
到奉行
延暦四年四月六日従儀師
威儀師明道
威儀師
大僧都賢璟
少僧都行賀
律師
律師玄憐

は近江国からの得度の要望に対して、太政官から治部省に十月五日付の連絡が届き、そこで治部省が十月十日に近江国に得度を認める符を出し、この十一月十日付の「（近江国）府牒」を国師所に交付したことが記されている。

具体的には、「（近江国）府牒」によって宝亀十一年（七八〇）に、三津首浄足を戸主とする十五歳の三津首広野が、国分寺僧最寂が没したことにより、最寂の替わりに得度したことが知られるのである。得度は、その文書の発給された十一月十日の二日後であったことは、「度縁」に記される通りである。それは広野が最澄になったことを意味し、また「度縁」で十八歳、「僧綱牒」で二十歳としている年次は整合している。そして、「度縁」では最澄の師である行表（七二二〜七九七）の名が確認できる。その他、「度縁」と「僧綱牒」には黒子（ほくろ）の位置が記されていることが分かる。最澄が二十歳で受戒したのは東大寺である。

要するに、これらの公文書では、最澄の生年は天平神護二年（七六六）になるのであり、その生涯は従来の一般説であった五十六歳ではなく、五十七歳となるのである。本書では、五十七歳説を基準として論じていく。

誕生から成長へ

『叡山大師伝』の記述によって誕生に至るまでの様子を窺うならば、父百枝《ももえ》は私宅を寺と成して、常に仏を礼し、経を誦していたということであり、生前より仏教との関わりがあったことが伝えられる。そして、百枝には子供がなかったことから、男子を得たいと願い、山に登って祈願する場所を探していたところ、数日が経ち、比叡山の左脚の神宮右脇に至ったという。ここに当初から比叡山のことが語られる。そして、その土地での様子が『叡山大師伝』では次のように記述されている。

忽然、名香馥郁《みようこうふくいく》として、巌阿《ごんあ》に薫流《くんる》せり。是《ここ》に於いて衆人共《とも》に異《あや》しんで、香の源を求《ぐ》覓《みやく》し、幸《さいわい》に験地《げんじ》を得て、艸菴《そうあん》を創造す。今、神宮禅院と呼ぶ、是《こ》れなり。一七日を期《ご》して、至心に懺悔《さんげ》す。四日の五更、夢に好相《こうそう》を感じ、此の児を得たり。

突然、その山谷の地に妙香が漂ったので、皆が奇異に感じて香源を求め、そこに草庵を創造したと言う。それが、今の神宮禅院であるとした上で、七日間の日程で懺悔の行に入ったところ、四日目の夜明け前に、好相を夢に感じたと記し、そのことが直ちに最澄（広野）の誕生に繋げられている。但し、他の資料を徴しても、最澄誕生については不明なことが多い。

伝記であるから当然のことかもしれないが、『叡山大師伝』では続けて幼少期の優秀さが述べられ、父母はその才能を隠し、人々に知られないようにしていたとする。そして、七歳から二十歳までを一気に紹介している。なお、そこでは続けて、誕生に関わる父百枝との関わりが記されているので、最澄の年齢は不詳ではあるが、そのまま引用する。

年七歳にして、学は同列に超え、志は仏道を宗《しゅう》とす。村邑《そんゆう》の小学は、師範と為さんと謂《い》えり。粗《ほぼ》、陰陽・医方・工巧《くぎょう》等を練《おさ》む。年十二にして、近江の大国師伝灯法師位、行表の所に投じて、出家し修学す。表（行表のこと）は器骨を見て、亦、意気を知り、教うるに伝灯を以てし、唯識の章疏《しょうしょ》等を習学せしむ。年十五にして、国分の僧闕を補い、年二十にして進具せり。

父百枝語って言《いわ》く、我昔、三宝に祈願して、夢に好相を得て、賢子に遇《あ》うこと有り。意楽《いぎょう》既に満ち、心悦亦《また》足る。但《ただ》、先の悔過《けか》の期日《ごにち》、未《いま》だ満たず。汝、追って修行し、当《まさ》に先の欠を補うべし、と。即《すなわ》ち教誘を奉《う》け、叡岳の左脚、神宮禅院に於いて、修行し懺悔す。未だ数日を歴《へ》ざるに、忽《たちま》ち香炉の中自《よ》り、仏舎利一粒出で顕る。大きさ麻子の如し。

十五歳と二十歳という年齢は公文書に同じで、このままでよいであろう。但し、生誕年の問題があり、かつての解説の中には、両方の年齢を変えて一歳若く論じている場合があるから、時として分かりにくいこともある。

最澄（広野）が七歳の時に仏道に志し、極めて優れ抜きん出た才覚を持っていたことが記され、それを、「村邑の小学は、師範と為さんと謂えり。」と説明している。この、「村邑の小学」を教育機関（学校）のこととして理解する研究もなされて来たが、「村里の学力の劣った人たち」（佐伯有清『若き日の最澄とその時代』）とする説もある。「学は同列に超え」と記されていることから言えば、単純に「同じ村邑にいた学力のない同世代の子供たち」を意味するかもしれない。いずれにせよ、最澄の幼少期を賞賛する伝記ならではの表記である。

　そして、次に十二歳の時に、近江国の大国師伝灯法師であった行表に師事したことが述べられている。実は、この年齢は一歳を加えた十三歳と看做されている。その理由は、最澄晩年の著作の一つである『内証《ないしょう》仏法《ぶっぽう》相承《そうじょう》血脈譜《けちみゃくふ》』の中に、自ら「最澄は生年十三にして、大和上に投ず。即ち当国の国分金光明寺の補闕に得度し、即ち和上に心を一乗に帰す可《べ》きことを稟《う》く。」と記しているからである。

　この文面では、続いて、近江の国分寺（金光明四天王護国之寺）で得度し、広野から最澄になったことが言われる。得度の時に読んだ経典が『法華経』『金光明最勝王経』『薬師経』『金剛般若経』等であり、併せて『俗典』二巻も読んだことは、前記した「（近江国）府牒」に見られる通りである。それは、宝亀十一年（七八〇）十一月十二日、十五歳の時であった。行表の師は、中国から日本に渡来した道璿《どうせん》（七〇二〜七六〇）であり、禅をはじめ戒律、華厳、天台に通暁していた。

　なお、この中に、行表から「心を一乗に帰す可き」ことを伝えられたと述懐していることは注目される。なぜなら、最澄の生涯を貫く根本的立脚点は法華一乗だからである。とは言え、この記述だけでは『法華経』か『華厳経』か、如何なる一乗思想であったかは必ずしも明らかではない。因みに、『内証仏法相承血脈譜』は五十四歳の時（弘仁十年、八一九）に書かれ、順に「達磨大師付法相承師師血脈譜一首」、「天台法華宗相承師師血脈譜一首」、「天台円教菩薩戒相承師師血脈譜一首」、「胎蔵金剛両曼荼羅相承師師血脈譜一首」、「雑曼荼羅相承師師血脈譜一首」という五種類の血脈譜で構成され、今の記述は最初の「達磨大師付法相承師師血脈譜」の中に記されるものである。

これらを簡単に説明すれば、禅、天台法華宗、密教、菩薩戒（大乗戒）、雑密《ぞうみつ》の法門となる。中でも、『大日経』や『金剛頂経』といった純然たる密教は、智顗（天台智者大師）の時にはなかったもので、最澄による導入は、本来、融合的であった天台宗の特色を一層進展させたと評しうる。但し、智顗の天台教学に密教的要素は見出されるのであり、時代の要請があったとしても、最澄による密教の採択は困難ではなかったと思われる。

右に引用した『叡山大師伝』では、行表は最澄に唯識の章疏等を習学させたとしている。このことも様々な憶測を呼ぶが、『叡山大師伝』の意図としては、最澄が早くから法相宗の唯識思想を学んでいたことを明記し、後の三一権実論争において最澄が十分な知識をもって論争に望んでいることの布石としたかったのかもしれない。なお、三一権実論争とは、三乗と一乗のどちらを真実の教えとし、どちらを仮の教え（権教）とするかという、二つの思想を対比する論争である。いずれにせよ、最澄は法相教学、すなわち唯識の学問を相当に研鑽することになる。

最澄が延暦四年（七八五）、二十歳で受戒したことを伝える「僧綱牒」に記される日付は四月六日である。受戒が行われた日は、六日の可能性もあるが、明示できないのが実状である。最澄が具足戒を受けたのは東大寺である。当時の日本ではその他、下野《しもつけ》の薬師寺、筑紫の観世音寺が設置され、三戒壇となっていた。

『叡山大師伝』では二十歳における進具、つまり具足戒を受けたことを記し、その後に、父百枝が、神宮禅院で行った懺悔が日程を満たしていないので、最澄に欠を補うべく告げ、それを果たしたことによる奇瑞を示している。そのことがいつなされたか明記されていないので、詳しくは不明であるが、『叡山大師伝』は延暦四年七月中旬に比叡山に登った話へと繋げている。

〈コラム1〉天台密教

日本の密教は大別すると、最澄（七六六～八二二）を宗祖とする天台宗の密教と、空海（七七四～八三五）を宗祖とする真言宗の密教の二つになる。そして、前者を台密、後者を東密と呼ぶのは、虎関師錬（一二七八～一三四六）の『元亨釈書《げんこうしゃくしょ》』巻二七「諸宗志」に基づいている。それらの呼称は、天台密教（台密）でも密教そのものを真言門、或いは真言宗とも呼ぶので、有用である。

本書で論ずるように、最澄の密教は整然としたものではなく、不十分なものであった。しかし、最澄が独特の密教を相承し、更に、日本天台内に止観業という天台法門に並べて、遮那業*という密教部門を設けたことは、最澄以降の日本天台が画期的な展開を示す濫觴《らんしょう》となった。空海の密教は『大日経』に基づく胎蔵界と、『金剛頂経』に基づく金剛界を具備するものであり、最澄は空海に教えを請うものの、十全な伝法は果たされなかった。

台密の充足は、最澄の弟子の一人である、円仁（七九四～八六四）によってなされる。承和五年（八三八）の出帆から承和十四年（八四七）の帰国までの中国における記録は『入唐求法巡礼行記《にっとうぐほうじゅんれいこうき》』として知られ、当時の中国の様子を伝える文献として著名である。最澄と円仁に対する大師号の勅諡《ちょくし》は貞観八年（八六六）のことであり、それぞれ伝教大師と慈覚大師という大師号を賜った。日本最初の大師号である。

空海が立てた東密の教学は完成度の高いものであった。その代表が、十住心教判である。日本の密教が空海以後、しばらくの間、台密を中心に展開することになったのは、空海の後継者たちにとって新しい要素を加えるのは困難であったことが要因と考えられる。一方の台密は、円仁によって最新の密教がもたらされたことにより、最澄の不備を補うとともに、東密と拮抗する水準になった。特に、胎蔵界と金剛界に併せて蘇悉地部《そしつじぶ》を伝えたことで、台密は胎・金・蘇という三部の密教を、その特色として誇っていく。

台密は、その後、円珍（八一四～八九一）による入唐求法があり、図像や法具等も含め、教相・事相共に東密を凌駕することになる。そして、もう一人、安然（八四一～八八九～、一説九一五没）が台密教学を大成したことが、画期となった。安然は五大院安然と言われる。

円珍や安然は空海の十住心教判を徹底的に批判した。まさに台密教学確立の隆盛期であり、しばらくは東密からの反論はなされなかった。具体的には、空海の十住心教判は第八住心を天台宗、第九住心を華厳宗、最後の第十住心を真言宗（密教）と判ずるものであり、天台宗は密教の二段階下に置かれるものであったため、天台と密教を同等とする立場から論難したのである。天台密教の大きな特色は、中国天台の教学と真言密教の融合を説くことにあり、天台円教と密教の一致、すなわち円密一致を標榜する。

安然は教学的には師であった円仁の思想を継承して台密の教学を大成したのであるが、安然がそれまでの台東両密の密教を統合しようとしていたことも重要である。安然は空海も含めて密教そのものを真言宗と捉えていたのであり、空海からの影響を受けていることも見逃せない。日本密教という大きな流れから言えば、何より空海の業績が最重要であるが、それ以降の入唐諸師の密教を集大成しようと試みた安然の業績も空海に次ぐものとして注目しなければならないのである。

なお、曼荼羅については、台密と東密ともに、胎蔵界曼荼羅と金剛界曼荼羅を用いることが基本である。但し、金剛界については、台密では円仁が将来した金剛界八十一尊曼荼羅が有名であり、八十一尊曼荼羅の依用も特色となっている。また、金剛界という言い方は問題ないが、胎蔵界については、胎蔵曼荼羅とも言われるように、本来は胎蔵界ではなく胎蔵であった。この胎蔵界の語は安然によって活用され、以後、日本密教によって一般的に用いられるようになったものであり、本書でも胎蔵界の語を使う。

＊遮那業（しゃなごう）…『大日経』の具名を『大毘盧遮那成仏神変加持経』と言い、その中の毘盧遮那から遮那の二字を抽出したもの。

第二章

比叡山入山

願文——青年最澄の願い——

延暦三年（七八四）は平城京から長岡京へと、遷都があった年である。その翌年、最澄（七六六〜八二二）は山林修行に入るのであり、『叡山大師伝』では次のように記す。

延暦四年を以て、世間は無常にして、栄衰に限《かぎ》り有るを観じて、正法の陵遅《りょうち》し、蒼《そう》生《しょう》の沈淪《ちんりん》せることを慨《なげ》き、心を弘誓《ぐぜい》に遊ばしめ、身を山林に遁《のが》れんとす。其の年の七月中旬、*憒丙《けにょう》の処を出離し、寂静の地を尋求し、直《ただ》ちに叡岳に登り、居を艸菴《そうあん》に卜《し》む。

＊憒丙（けにょう）…憒鬧《けにょう》（漢音で「かいどう」）に同じ。乱れ騒がしい様。

世を厭《いと》い、無常観を理由の一つとして身を山林（比叡山）に遁れることを伝える文面であり、それが延暦四年（七八五）の七月中旬であることを明記していることに注目される。最澄が受戒して、三ヶ月あまりが経過してのことである。何月かは分からないが、その年に近江国の国分寺が火災で焼け落ちたこととの関係を推測する説も知られている。『叡山大師伝』によれば、ともかく最澄は他の修行者と共に山林で修行することを志したのであり、「四恩の奉為《おんため》に、毎日、法華・金光明・般若等の大乗経を読誦して、一日も闕《か》かず。」と見られるように、四恩の為に鎮護国家の三部経である『法華経』『金光明最勝王経』『仁王般若経』を読誦していたと言うのである。なお、四恩については、しばしば般若（七三三／七三四～八一〇～）訳の『大乗本生心地観経』に説かれる父母・衆生・国王・三宝という四種によって解説されるが、八一〇年に翻訳が完成した本経典を最澄や空海は見ることができなかったという見解が定説化している。『叡山大師伝』の著者による潤色ではなく、仮に最澄が四恩という語を用いていたとしても、諸説ある中の、いかなる四恩であるかは不明とせざるを得ないであろう。

そして、最澄が登叡した時の有名な文章が、「且《しばら》く坐禅の隙《ひま》に、自ら願文を製す。」と示されるが如く、「願文《がんもん》」として伝えられている。

悠悠《ゆうゆう》たる三界*は、純《もっぱ》ら苦にして安きこと無きなり。擾擾《じょうじょう》たる四生*は、唯患《ただうれ》いにして楽しからざるなり。牟尼*の日、久しく隠れ、慈尊*の月、未だ照らさず。三災*の危うきに近づき、五濁《ごじょく》*の深きに没む。加以《しかのみならず》、風命《ふうみょう》保ち難《がた》く、露体消え易《やす》し。艸堂楽しみ無しと雖も、然《しか》れども老少、白骨《びゃっこつ》を散じ曝《さら》し、土室闇く迮《せま》しと雖も、而《しか》も貴賤、魂魄を争い宿す。彼《かれ》を瞻《み》、己《おのれ》を省りみるに、此の理必定《ひつじょう》す。仙丸未だ服せず、遊魂留め難し。*命通未だ得ず、死辰何《いつ》とか定めん。生ける時、善を作《な》さざれば、死せる日、獄の薪《たきぎ》と成《な》らん。得難くして移り易きは、其れ人身なり。発《おこ》し難くして忘れ易きは、斯《こ》れ善心なり。是《ここ》を以て法皇牟尼は、大海の針・妙高の線を仮りて、人身の得難きを喩況《ゆきょう》す。古賢禹《う》王は、一寸の陰《とき》・半寸の暇を惜《お》しんで、一生が空《むな》しく過ぐるを歎《なげ》く。因無くして果を得るは、是の処《ことわり》有ること無し。善無くして苦を免《まぬが》るるは、是の処有ること無し。

伏して己が行迹を尋ね思うに、無戒にして、竊《ひそ》かに*四事の労《いたわ》りを受け、愚痴にして亦《また》、四生の怨《あだ》と成る。是の故に未曾有因縁経に云《いわ》く、施す者は天に生まれ、受くる者は獄に入る。提韋女人《だいいにょにん》の四事の供は、末利夫人《まりぶにん》の福と表る。貪著利養《とんじゃくりよう》の五衆の果は、石女《しゃくにょ》担轝《たんよ》の罪と顕る、と。明らかなる哉《かな》、善悪の因果。誰か有慙《うざん》の人、此の典を信ぜざらんや。

然れば則《すなわ》ち、善の因を知って苦の果を畏《おそ》れざるを、釈尊は*闡提と遮《しゃ》す。人身を得て徒《いたず》らに善業を作さざるを、聖教には空手と嘖《せ》む。

是に於いて、愚が中の極愚、狂《おう》が中の極狂《ごくおう》、塵禿《じんとく》の有情《うじょう》、底下《ていげ》の最澄、上は諸仏に違《たが》い、中は皇法に背《そむ》き、下は孝礼を闕《か》く。謹んで迷狂の心に随い、三二の願を発《おこ》す。*無所得を以て方便と為し、無上第一義の為に、金剛不壊《ふえ》・不退の心願を発す。

我、未だ六根相似の位を得ざる自《よ》り以還《このかた》、出仮《しゅつけ》せじ。其の一
未だ理を照らす心を得ざる自り以還、才芸あらじ。其の二
未だ浄戒を具足することを得ざる自り以還、檀主の法会に預《あず》からじ。其の三
未だ般若の心を得ざる自り以還、世間人事の*縁務に著《つ》かじ。相似の位を除く。其の四
三際の中間に、修する所の功徳は、独り己《おの》が身に受けず。普《あまね》く有識《うしき》に回施《えせ》して、悉《ことごと》く皆、無上菩提を得せしめん。其の五

伏して願わくは、解脱の味、独り飲まず。安楽の果、独り証せず。法界の衆生と、同じく妙覚に登り、法界の衆生と、同じく妙味を服せん。若《も》し此の願力に依って、六根相似の位に至り、若し*五神通を得ん時、必ず自度を取らず、正位を証せず、一切に著《じゃく》せざらん。願わくは、必ず今生《こんじょう》の無作《むさ》・無縁の四弘誓願《しぐぜいがん》に引導せられて、周《あまね》く法界に旋《めぐ》らし、遍《あまね》く*六道に入り、仏国土を浄《きよ》め、衆生を成就し、未来際を尽《つ》くして、恒《つね》に仏事を作《な》さん。

＊三界（さんがい）…衆生が輪廻し生死を繰り返す世界。欲界・色界・無色界。
＊四生（ししょう）…生まれ方の四分類。胎生《たいしょう》・卵生・湿生・化生《けしょう》。
＊牟尼（むに）…釈迦牟尼。
＊慈尊（じそん）…弥勒菩薩。五十六億七千万年後に出現すると言われる。

＊**三災**（さんさい）…火災・水災・風災（大の三災）、或いは刀兵《とうひょう》・疾疫・飢饉（小の三災）。
＊**五濁**（ごじょく）…劫濁・煩悩濁・衆生濁・見濁・命濁。
＊**命通**（みょうつう）…五神通・六神通の一つである宿命《しゅくみょう》通のこと。
＊**四事**（しじ）…衣服《えぶく》・飲食《おんじき》・臥具・湯薬。
＊**闡提**（せんだい）…一闡提《いっせんだい》のこと。断善根、信不具足と訳す。仏法を信じず誹謗する者のこと。
＊**無所得**（むしょとく）…とらわれ（執着）のないこと。
＊**縁務**（えんむ）…俗世間と関わる仕事や学問、人とのつきあい。
＊**五神通**（ごじんずう）…神足通（神境通）、天眼通、天耳《てんに》通、他心通、宿命通のこと。漏尽通を加えて六神通となる。
＊**六道**（ろくどう）…輪廻を繰り返す地獄道、餓鬼道、畜生道、阿修羅道、人道、天道の六を言う。餓鬼道と畜生道は順序が逆になる場合もある。

この文章には、若者ならではの純粋かつ強烈な自己反省が溢れ、その上で五つの願が綴られている。仏典や仏教語によって人生観が述べられているのであり、従来、二十歳当時の最澄がどのような文献に基づいてこの文章を作成したのかということが論じられて来た。後述するように、この時点での最澄が天台教学に通暁していたとは思われないので、「六根相似位」や「出仮（仮に出る、ここでは世間に出る意）」といった天台用語に対する理解が問われて来たのである。その内容について、先行研究を参看しながら、少々紹介しておくことにする。

先ず、冒頭の「悠悠たる三界（悠悠三界）」という語については、『東大寺献物帳』に収載される光明皇太后の「太上天皇の奉為《おんため》に、国家の珍宝等を捨てて、東大寺に入るる願文」に見られ、内容が近似することも知られている。また、玄奘（六〇二～六六四）の上表文（「嵩岳に入るを請う表」）に、「凡夫は闕して生死に沈む。是れに由って茫茫たる三界は、倶《とも》に七漏《しちろ》の河に漂う。浩浩たる四生は、咸《みな》十纏《じゅうてん》の浪に溺《おぼ》る。」と見られる類似性も指摘されている。

そして、人の命の儚《はかな》さを述べた上で、「生きている時に善行を作さなければ地獄の薪に成ってしまう」と言う。更に、人身が得難きことを、「大海の針」、及び「妙高の線」という仏典に因る譬喩で説く。前者は大海に投じた針を探し出すという意味であるが、竺仏念（生没年不詳）訳『菩薩処胎経』巻六に見られる記述が元になっていて、人身の得難さはそれを超過していると言うのである。次の「妙高の線」は、須弥山《しゅみせん》（妙高）の上から下にある針の穴に糸を通す困難さを言うものであり、やはり人身の得難さはそれに過ぎることであるとする。この譬喩は『提謂経《だいいきょう》』を典拠とすると言われるが、これは『法苑珠林《ほうおんじゅりん》』巻二三の引用によって確認されている。

更に注目すべきは、『法苑珠林』巻二三の同じ箇所に、ここで論じた『菩薩処胎経』の偈文が引用されていることである。最澄が『法苑珠林』を依拠とした可能性はある。それに続く、古賢禹王が寸陰を惜しんだ話は『晋書』を典拠としている。但し、「一生が空しく過ぎる」の語は『遺教経《ゆいきょうぎょう》』（『仏垂般涅槃略説教誡経』）に、「初夜にも後夜にも、亦、廃することと有ること勿《なか》れ。中夜に経を誦し以て自ら消息せよ。睡眠の因縁を以て、一生を空しく過ごし、得る所を無からしむること無かれ。当に無常の火が諸々の世間を焼くことを念じ、早く自度を求めて、睡眠すること勿るべし。」と見られる。この経文は、法進《はっしん》（七〇九～七七八）の『沙弥十戒幷威儀経疏』（巻一）にそのまま「遺教経云」として引用され、『天台小止観』にも、ほぼ同じ文が「経云」として引用されている。そのことは、一考を要する課題となる。

この「願文」において典拠を明示しているのが『未曾有因縁経』であり、四事の施しを五比丘に与えた提韋《だいい》女人《にょにん》が、末利という波斯《はし》匿《のく》王の夫人に生まれ変わったという話を援用する。恐らく最澄は、原文を直接見て簡略に引用したと思われる。先ず、「願文」の「施す者は天に生まれ、受くる者は獄に入る。」という箇所が、『未曾有因縁経』巻上の「善人死せば、福もて応に天に生じ、五欲の楽を受くべし。悪人死せば、応に地獄に入り、無量の苦を受くべし。」という記述に基づくという指摘がある。そして、石女担轝の罪を受けた五衆についても同経で確認することができる。但し、『未曾有因縁経』巻上では四人の担輿石女が描写されるものの五人ではない。五比丘と提違（提韋）が描かれるのは同経巻下であり、五人のうち四人が担輿であり、他の一人は常に宮内に在って「厠溷《しこん》を修治し糞を除く者」（便所掃除）であるとしている。この『未曾有因縁経』巻下に記された物語は、天台宗第六祖湛然《たんねん》（七一一〜七八二）の『止観輔行伝弘決』巻一之三にも引用される。どのように知識を得たか不明であるが、当時の最澄にとっても注目すべき経典となっていたのであろう。

次に、「聖教には空手と嘖む」について、以前は、この「空手（手を空にする）」を般若《はんにゃ》（七三三／七三四〜八一〇〜）訳『大乗本生心地観経』巻六の「人に手無ければ、宝山に至ると雖も、終《つい》に得る所無きが如し。」という箇所に比定して来た。しかし、この経典は直接、空海（七七四〜八三五）が長安で般若と面受した時にはまだ翻訳されていなかったことが分かっているので、最澄が見ることはあり得ない。しかも、ここには「無手」とあり、「空手」ではない。つまり、手が無ければ宝を持ち帰れないという意味であり、宝の山から空の手、つまり何も持たずに帰るという意味ではないのである。敢えて言えば、同じく般若訳の『大乗理趣六波羅蜜多経』巻一に見られる、「亦、人有って船に乗り海に入り、宝所に至るも、空手にして帰るが如し。」という方が近いが、この経典も見ていた可能性はない。

それでは、『摩訶止観』巻四下に、「宝山に入るも、空手にして帰るが如し。」と記されていることや、『止観輔行伝弘決』巻四之四に、「当に知るべし、出家の人は、宝山に悉く至る。寧《なん》ぞ空手にして帰せんや。」と見られることと何か関連があるのであろうか。実は、この点はよく分からない。

昨今の研究では、智顗《ちぎ》（五三八～五九七）の『天台小止観』や、その記述を多々活用した法進の『沙弥十戒幷威儀経疏』が注目されている。最澄が「願文」を執筆した当時には天台教学については、まだ殆ど知識を持っていなかった状況と推察されるため、『沙弥十戒幷威儀経疏』を見ていた可能性が強調されているが、『天台小止観』を見ていたことも否定できないであろう。法進は師である鑑真（六八八～七六三）と共に日本の土を踏んだ学匠である。

空手については、『天台小止観』に、「信心無きが故に、仏法中に於いて、空くして獲る所無し。譬えば人が宝山に入るも、若し手有ること無ければ能く取る所無きが如し。」、『沙弥十戒幷威儀経疏』巻一に、「信心無きが故に、仏法中に於いて、空くして獲る所無し。譬えば人有って其の宝山に入るも、若し手有ること無ければ能く取る所無きが如し。」と見られることが注目されているが、「手有ること無し（無有手）」となっている。この有手というのは、仏教において「信」があることを手が有ることに喩えるものである。何も持たずに空の手で帰るのとは意味の異なりがあるが、右に言及した『止観輔行伝弘決』巻四之四では、空手だけでなく、無信を無手に喩える教説も同時に紹介している。

そして最澄は、純粋な青年として「愚が中の極愚、狂《おう》が中の極狂《ごくおう》、塵禿《じんとく》の有情《うじょう》、底下《ていげ》の最澄」という強烈な自己反省の語を吐露するのである。この愚と狂の語についても、先行研究に倣い、『天台小止観』と『沙弥十戒幷威儀経疏』巻一の記述を並記しておく。

『天台小止観』

当《まさ》に知るべし、此の二法は、車の二輪、鳥の二翼の如し。若《も》し偏《ひと》えに修習せば、即《すなわ》ち邪倒に堕《だ》す。故に経に云《いわ》く、偏えに禅定・福徳を修して、智慧を学せざれば、之《これ》を名づけて愚と曰《い》う。偏えに智慧を学し、禅定・福徳を修せざれば、之を名づけて狂と曰う、と。狂と愚の過、小《すこ》しく不同なりと雖も、邪見にして輪転すること、蓋《けだ》し差別無し。若し均等ならざれば、此れ則ち行は円備に乖《そむ》く。何《なん》ぞ能《よ》く疾《すみ》やかに極果に登らんや。

『沙弥十戒幷威儀経疏』巻一

当に知るべし、定《じょう》と慧の二法は、車が二輪を備《そな》え、鳥が両翼を全《まっと》うするが如し。戒は賊を捉《とら》えるが如く、定は賊を縛《しば》るが如く、慧は賊を殺すが如し。鐺《そう》の三足は一を闕《か》くも不可なるが如し。若し戒を持《たも》たずして定を修せば有漏定《うろじょう》と名づく。戒と定に従わずして慧を修せば有漏慧と名づく。並びに煩悩等の三障を断除すること能《あた》わざるなり。故に経に云《いわ》く、偏えに禅定・福徳を学《（ママ）》して、智慧を修《（ママ）》せざれば、之を名づけて愚と曰う。偏えに智慧を学し、禅定・福徳を修せざれば、之を名づけて狂と為す、と。狂と愚の夫、未だ生死を出《いづ》ること能わず。何ぞ能く疾やかに無上の極果を証せんや。

『天台小止観』と『沙弥十戒幷威儀経疏』巻一とでは、明らかに後者の方が言辞を加え、

本来、定《じょう》・慧《え》についての記述であったものを戒・定・慧にしている。しかし、基本的には、定・慧の二法と狂・愚の関わりについて論じている文章であり、それは同じである。

つまり、定と慧を車の両輪・鳥の両翼に準じて、共に欠けてはならないものとしているのであり、愚は定（実践）だけで慧（学問）をしない者、狂は慧（学問）だけで、定（実践）を怠る者であると、両書共に明確に定義している。その根拠を経に依るものとし、また、同様の記述が、『四念処』巻一に、「経に説く、多く福徳を修するを、名づけて愚と為す。多く智慧を修するを、名づけて狂と為す、と。」とあり、或いは大本『四教義』巻四に、「経に説く所の如くんば、多く福徳・禅定を修し、智慧を修せず、之を名づけて愚と

為す。多く智慧を修し、福徳・禅定を修せず、之を名づけて狂と為す。」と見出されるのであるから、智顗による定義は一定している。但し、その典拠となる経典は不詳である。本来は定・慧の一方への偏向を誹斥しているので、最澄が意味するところは異なるが、こういった天台的な発想が最澄に受け継がれていることは確かであろう。

続けて、「願文」では「三二の願」を挙げている。これは足し算によるもので、合計五つの願が掲げられている。

これらの願で最も重要なのは、六根相似位・相似位という修行の階梯を明記した上で、その位への到達を目標とし、そこに到達しなければ比叡山から下りないことを誓っているように理解できることである。

相似位というのは天台教学で立てる六即位の四番目である。天台宗の教判では、蔵・通・別・円という四教判が重要であり、完全な教えである円教の修行の階梯が六即となる。それは『法華経』を根本経典とする天台宗ならではの教義と言える。次の頁に示す図は、その六即を円教の五十二位と対比させたものである。

六即の中、分真即（分証即）は部分的な覚悟を意味し、究竟即は完全な覚悟のこととなる。分真即と究竟即は、五十二位では十住以降の四十二位に配され、順に四十二品の無明を断じていく階級ともなる。この分真即からが聖者であり、それ以前は凡夫の位である。

〔六即〕	〔五十二位〕
理　即	
名字即	
観行即	五品弟子位
相似即	十信位
分真即（分証即）	十住位
	十行位
	十廻向位
	十地位
	等覚位
究竟即	妙覚位

最澄が目指したのは、その前の相似即の位であり、凡夫の中でも相似即の前までの外《げ》凡位ではなく、内凡位という段階への到達を願ったのである。相似位とは仏との身体的相似を意味し、眼・耳・鼻・舌・身・意という六根が清浄になる位に他ならない。即というのは途中の段階でも究極の仏に即しているという意味を持ち、実は妙覚位の仏と離れた存在ではないことがその即の語に込められている。なお、『隋天台智者大師別伝』によれば、智顗は衆生への利他行のため、六根を清めることなく、十信位の前である五品弟子位（観行即）までしか到達しなかったことが記されるのであり、相似位というのは簡単に達しうる位ではない。とは言え、天台教学では一生のうちに分真位に入ることは、基本説として容認している。更に言えば、最澄はこの「願文」の後の方で、衆生と共に妙覚位に登ることを願っている。妙覚というのは究竟即、つまり究極の仏位のことであり、叶うことの難しい遠大な希望を

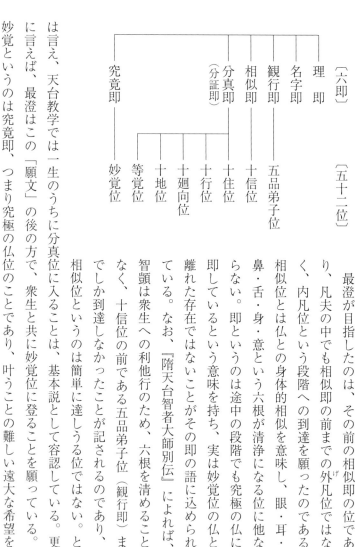

も掲げているのである。（〈コラム2〉四教と行位、参照）
最澄が、こういった天台教学をどの程度理解していたかは判然としない。『天台小止観』を見ていたとすれば、天台教学に基づく思想であることは認識していたであろうし、『沙弥十戒幷威儀経疏』に依拠したとしても、その巻五には『天台小止観』や天台智者大師についての記述が見られることから天台と関わる文献であると認識していたと考えられる。

そこで第一願をみると、最澄は六根相似の位に至らないうちは「出仮《しゅつけ》」しないと述べている。「出仮」というのも天台用語に他ならず、「仮に出る」ことであって、「仮を出る」という意味ではない。つまり、比叡山から俗世間である仮に出ないという主張である。

第二の願は、理を照らす心を得なければ、才芸に関わらないというものである。これも、『天台小止観』の「諸々の縁務を息《や》めよ」に説かれる四意の中、「三には、工巧《くぎょう》・技術の縁務を息む。世間の工匠・技術・医方・禁呪・卜相・書数・算計等の事を作さず。」という第三の「工巧・技術の縁務を息める」ことに同じであるとされている。諸縁務を息める理由は修行において心が乱れないようにするためである。少年期（七歳）の最澄（広野）について、「村邑の小学たちが、師範と為すと謂っていた」ことは前に記したが、実は『叡山大師伝』では「粗《ほぼ》、陰陽・医方・工巧等を練《おさ》む」と描いている。最澄の墨跡が極めて優れたものであることは現存する書跡からも知られるが、少年期より様々な才能や技能の高さが認められていたと言うのである。ともかく、ここでは世間的な技芸に拘泥しないという誓いを表明した。

第三の願は、浄戒を具足することを得ないうちは、檀主の法会に預からないというものである。

第四の願は、般若の心を得ないうちは、世間の人事の縁務を行わないことを述べる。そして、相似位を除外すると言うのであり、相似位を特筆することがこの「願文」の特色となる。世間の人事の縁務については、前に述べた『天台小止観』の「諸々の縁務を息めよ」が関わるので、第三を含め、まとめて見ておくことにする。


一には、生活の縁務を息む。有為《うい》の事業《じごう》を作さず。

二には、人間の縁務を息む。俗人・朋友・親識を追尋せず。人事の往還《おうげん》を断絶す。

三には、工巧・技術の縁務を息む。世間の工匠・技術・医方・禁呪《ごんじゅ》・卜相・書数・算計等の事を作さず。

四には、学問の縁務を息む。読誦・聴学等、悉く皆棄捨す。

此れを諸々の縁務を息むと為す。所以《ゆえ》何《いか》んとなれば、若し縁務多ければ、則ち行道の事廃し、心乱れて摂《おさ》め難し。

このように、生活の縁務、人間の縁務、工巧・技術の縁務、学問の縁務という四の縁務を息めることが説かれているのであり、最澄の第四の願である「世間人事の縁務に著《つ》かじ。」というのは一の生活の縁務と二の人間の縁務が直接関わるであろう。この記述は『沙弥十戒幷威儀経疏』には見られない。ここで推測されるのは、やはり最澄が参照したのは『天台小止観』と『沙弥十戒幷威儀経疏』の両書であったのではないかということである。

第五の願は、自らの修行の功徳を己身だけのものとせず、諸衆生にも無上菩提を得させようというものである。それは、この願に続けて、「伏して願わくは、解脱の味、独り飲まず。安楽の果、独り証せず。法界の衆生と、同じく妙覚に登り、法界の衆生と、同じく妙味を服せん。」と、諸衆生と共に妙覚位に登ろうと記していることと同趣意と言えよう。

そして、その後に記されるように、最澄がこれらの願によって先ず到達したいと願う位はあくまで六根相似位なのである。

「願文」の最後に記されるのは、「願わくは、必ず今生《こんじょう》の無作《むさ》・無縁の四弘誓願《しぐぜいがん》に引導せられて、周く法界に旋らし、遍く六道に入り、仏国土を浄め、衆生を成就し、未来際を尽くして、恒に仏事を作さん。」という願であり、未来永劫にあらゆる衆生を済度し、仏事をなしていくことを願っている。ここで注目すべきは、「今生の無作・無縁の四弘誓願」という言葉である。四弘誓願とは、文献によって表記に多少の相違は見られるが、次のような四であることは知られるところであろう。

『摩訶止観』巻五上
衆生無辺誓願度
煩悩無数誓願断
法門無量誓願知
無上仏道誓願成

『摩訶止観』巻一〇下
衆生無辺誓願度
煩悩無量誓願断
法門無尽誓願知
無上仏道誓願成

諦観『天台四教儀』
衆生無辺誓願度
煩悩無尽誓願断
法門無量誓願学
仏道無上誓願成

仏教で誓願と言えば、先ず挙げられるのが、この四弘誓願であり、衆生を済度すること、煩悩を断ずること、仏教の法門を学ぶこと、無上の悟りを成ずることの四である。そして、無作・無縁のうち、無縁は対象の区別を設けることなく平等であることを意味し、第一の「衆生無辺誓願度」において、六道のあらゆる衆生を分け隔てなく救うことが意味されることになる。

もう一つの無作は、やはり天台教学と関わるものであり、実はこの語が極めて重要なのである。すなわち、天台教学で四諦説を生滅・無生・無量・無作という四種の四諦に分類し、順に蔵・通・別・円という四教に配することはよく知られる通りであり、無作という語は天台円教の立場を意味している。このことは、最澄が何らかの形で天台教学の基本的素養を身につけていたことを推測させる。後述するように、最澄は晩年「無作《むさ》三身《さんじん》」という言葉で自宗の仏身観を展開する。既に、無作という言葉を用いていることは看過できないであろう。

以上が「願文」の内容である。従来の研究で、特に進展し踏襲されるのが法進の『沙弥十戒幷威儀経疏』に依って、最澄が「願文」を作成したのではないかということである。確かに、『沙弥十戒幷威儀経疏』は『天台小止観』からの引用であることを明示することなく、それを縦横に活用した書である。しかし、『天台小止観』は小著であり、法進がそれを用いたということは、最澄がその『天台小止観』を見ることも可能であったのではないかということである。

しかも、最澄が「願文」を書いたとされる二十歳までに天台教学について全く知らなかった可能性は低いのではなかろうか。「願文」から抽出される天台的な用語はそれほど特殊なものではなく、基本説と言えるものである。しかしながら、次節で述べるように、最澄は天台宗に関して殆ど知識がなかったことが、『叡山大師伝』に記されているのであり、そのことが「願文」の用語を『沙弥十戒幷威儀経疏』に求めるという方法論に帰着せしめたと言えるのである。そこで今は、最澄は天台教学に関する若干の知識を持ち、『天台小止観』と『沙弥十戒幷威儀経疏』の両書、或いはどちらか一方を見ることで、天台的な「願文」を書いたと推察しておきたい。

天台文献と一切経論を求める

最澄の「願文」を見た内供奉寿興《ないぐぶじゅこう》が、最澄と固い契りを結んだと、『叡山大師伝』は述べている。しかし、比叡山には勉学のための文献はあまりなかったようで、そのことについて「一山に限り有り」と記した上で、次のように続けている。

是《ここ》に於いて、大師は得るに随って、起信論疏、幷びに華厳五教等を披覧するに、猶《なお》、天台を尚《とうと》んで以て指南と為す。此の文を見る毎《ごと》に、覚えず涙を下して、慨然たれども天台の教迹を披閲するに由《よし》無し。是の時、天台法文の所在を知れる人に邂逅《かいこうち》値遇《ぐう》す。茲《こ》れに因って円頓止観・法華玄義、幷びに法華文句疏・四教義・維摩疏等を写し取ることを得たり。此れは是れ、故《もと》の大唐鑑真和上の将来なり。適《たま》ま此の典を得て、精勤して披閲するに、義理奥賾《おうさく》なること、弥《いよい》よ仰げば弥よ高く、随って鑚《き》れば随って堅く、本仏の本懐《ほんがい》、同じく三乗の門戸を開き、内証の内事、等しく一乗の宝車に付す。

これに続く記事は延暦十六年（七九七）のことであり、その時の最澄は三十二歳であるので、二十歳で比叡山に登ってから十二年間のことは殆ど分からないことになる。本格的な天台法門との出会いがここに書かれているのである。このことから、「願文」執筆当時に、天台教学の基本的文献を見ていなかったことが確かめられる。しかし、最澄が天台宗の文献を読むことができるまでの経緯を説明するにはあまりに簡略な記述であり、問題は、これ以前、つまり「願文」執筆当時に天台教学についての知識がなかったこととあまりに厳密に結び付けられることである。おそらく、最澄は体系的には天台教学を学んでいなかったとしても、天台思想に関わる知識が全くなかったとは思われないし、『天台小止観』や『沙弥十戒幷威儀経疏』に示されている仏教に啓発されたことは確かであろう。

ここに記される話は、後に日本天台宗の宗祖となる最澄と天台宗との関わりを論ずる上で、常に重要な意味を与えられて来た。文献が不十分な比叡山において、華厳宗の法蔵（六四三～七一二）が著した『起信論疏』（『大乗起信論義記』）や『華厳五教章』を披覧して、法蔵が天台を指南として尊んでいることを知り、その文を見るたびに覚えずして涙が流れたと言うのである。特に『起信論疏』（『大乗起信論義記』巻下末）に『天台小止観』の文を引用し、「広くは天台顗禅師の二巻止観の中に説くが如し。」と述べていることは、まさに感慨深いものであったであろう。ともかく、比叡山が、そのように天台関係の文献を直接見られる環境ではなかったという嘆かわしい状況ではあったが、天台法門の所在を知る人に邂逅し、『円頓止観』『法華玄義』『法華文句』（『法華疏』とも言う）『四教義』『維摩疏』等を写すことができたと言う。それらは唐より鑑真が将来した典籍であるとしているのであり、確かに、鑑真の伝記である淡海三船撰『唐大和上東征伝』には、鑑真がもたらした諸文献が示されている。

但し、そこには『維摩経』関係の著作は見られないので、必ずしも明らかではないが、最澄が写したのは『維摩経文疏』であり、更にそれが鑑真将来本であった可能性はある。最澄は『顕戒論』という著作で、『維摩経略疏』ではなく『維摩経文疏』を引用しているし、本書は鑑真将来と言われているからである。

なお、『円頓止観』については、やはり最澄の撰述である『守護国界章』巻上之下に、「又、招提《しょうだい》の真大和上、並びに東大寺の法進僧都、及び普照法師等将来の、第二の本の十巻の円頓止観、江州梵釈寺の一切経の内の写す所の正本を案ずるに云く、涅槃の第八に云く、凡夫は乳の如く、……」と見られることが注目される。この文は、徳一（生没年不詳）との論争において、『摩訶止観』巻三下に引用される『涅槃経』の巻数を議論するもので、正しくは第六巻ではなく第八巻であることを、鑑真らが伝えた別本の「第二本『円頓止観』十巻」に依って論じている。そして、その『円頓止観』が近江国滋賀郡の梵釈寺にあった一切経中の正本であると言うのであり、最澄が梵釈寺に収蔵されていた鑑真将来の典籍を入手したことが重要なのである。因みに、最澄は入唐時に自らも『摩訶止観』を将来しているが、それは現行本に同じく「第六に云く」となっていたと推察される。現在、『円頓止観』は散逸して伝わらない。

　これらの天台典籍をたまたま入手した最澄は研鑽に励み、声聞・縁覚・菩薩という三乗を立てることは方便であり、一乗こそが真実であるという本仏の本懐を深く理解することになるのである。天台宗は『法華経』を根本経典として、一乗思想を説く立場であり、それは開三顕一《かいさんけんいち》（会《え》三帰《さんき》一《いち》・開権顕実《かいごんけんじつ》）と言われる教義を提唱する。このことは晩年における法相宗の学匠であった徳一との三一権実論争、すなわち三乗と一乗とのどちらが真実の教えであるかという大論争へと繋がっていく。

　『叡山大師伝』では、その後、延暦十六年（七九七、三十二歳）、延暦十七年、延暦二十年（八〇一、三十六歳）の記事を載せ、そこからは最澄の仏教者としての活動が盛んになっていくことが知られるが、確かに、それ以前のことについては必ずしも詳らかではないのである。

桓武天皇が、再び遷都を敢行し、長岡から平安京へと都を移したのは延暦十三年（七九四）のことであり、最澄は比叡山に籠もっていたと考えられる。その遷都の理由として、早良親王《さわら》（崇道天皇《すどう》）の怨霊による祟りがあったことが指摘されている。このことは、後の最澄と桓武天皇との交流とも関係する。比叡山は平安京の鬼門である艮《うしとら》（東北）に位置するということで、やがては皇城鎮護の山となっていく。

最澄の二十代の活動については、時代が下ってから半ば伝説的に伝えられる。延暦七年（七八八、二十三歳）の時に、一乗止観院（現在の延暦寺根本中堂）を創建し、自ら彫刻した等身の薬師如来像を安置したというような伝承が代表である。但し、光定（七七九〜八五八）の『伝述一心戒文』巻中には、中堂に薬師仏が安置されていたことが記されているので、最澄以来の薬師如来信仰が継承されていることは確かであろう。最澄が作った薬師像がどのようなものであったか、その手に結ぶ印契や持ち物についても様々な伝説があり、確かなことは分からない。

また、延暦十年（七九一、二十六歳）の時に、修行入位という僧位を授けられた。これは、僧綱によって最も低い僧位を与えられたことを意味するが、現存する文書では「年三十、臈十」と、年齢が三十歳、法臈《ほうろう》十年となっていることから疑問点が残っている。

さて、『叡山大師伝』の延暦十六年の記事は、最澄が内供奉に任じられたことを示すものである。内供奉とは内供奉十禅師とも言い、宮中の内道場において天皇を護持し、病の平癒を祈念する立場となる。このことは、収入の安定にも繋がり、更に一切経論の書写へと展開する。『叡山大師伝』では次のように述べている。

延暦十六年を以て、天心に感有り、内供奉の例《イ列》に預《あず》かれり。近江の正税を以て、山供の費に充《あ》つ。中使の慰問、山院に絶《た》ゆること無し。是《ここ》に於いて弘法の心を発《おこ》し、利生の願を起こす。時に弟子経珍等に告談すらく、我、一切経論章疏記等を写さんと思えり、と。凡在《あらゆ》る弟子は、各々教喩を奉じ、梵網の教に随い、涅槃の文に依り、心を一にして同じく行ず。一切経を助写する者は、叡勝・光仁・経豊等なり。大師は随って写せば随って読み、昼夜に精勤《しょうごん》して新経を披覧し、粗《ほぼ》義理を悟る。

ここには近江国の正税が山供の費用に充てられたことが記され、更に初期の門弟の名前が挙がっている。最澄は先ず経珍らに一切の経論章疏記等を書写することを語り、叡勝・光仁・経豊等の弟子たちは、『梵網経』や『涅槃経』に経典を書写すべきことが説かれていることに準じて一切経を助写したと言う。経典については、受持・読誦・解説《げせつ》・書写、或いは読誦を分けて受持・読・誦・解説・書写（五種法師）と言われるように、書写のみが重要なのではない。そこで、最澄は昼夜を問わずそれらを読み、ほぼ義理を悟ったと記している。

しかしながら、それでは比叡山に一切経を完備することはできなかったので、最澄は方策を練った。そのことは『叡山大師伝』に、「唯、七大寺の、寺別の僧衆の鉢別に一匙の飯を受けて、経生の供に充てんと願えり。即ち経蔵・妙証等を差使《つかわ》し、謹んで願文を勅《ろく》し、諸寺に看《み》せしむ。」と示されるように、南都（奈良）七大寺の諸寺僧衆に鉢ごとに一匙の米を恵与するよう要望し、それを経典書写の費用としたいと願うものであった。その願いを届けたのが、経蔵・妙証《澄カ》らの弟子たちであった。因みに、七大寺とは、東大寺・興福寺・西大寺・元興寺・大安寺・薬師寺・法隆寺のことである。

この最澄の願いに応じてくれたのが大安寺の沙門聞寂であった。聞寂（生没年不詳）はその寺の別院であった龍淵寺で衆僧と共に助力した。大安寺は最澄の師であった行表の本寺であり、行表の没年は延暦十六年（七九七）である。そして、比叡山の経蔵を充足したのが東国の化主《けしゅ》と称された道忠である。

又、東国の化主道忠禅師なる者有り。是れは此れ大唐鑑真和上の、持戒第一の弟子なり。伝法利生*を、常に自ら事《こと》と為せり。遠志を知識して、大小の経・律・論二千余巻を助写す。纔《わず》かに部帙を満つるに及んで、万僧《まんぞう》斎を設けて、同日に供養す。今、叡山の蔵に安置するは、斯れ其の経なり。

＊伝法利生（でんぽうりしょう）…法を伝え衆生を利すること。

道忠（七三五？～八〇〇？）は鑑真の弟子であり、持戒第一と言われた。三戒壇の一つである下野国薬師寺との関わりも推定されている。最澄の遠大な志を知った道忠は大乗と小乗の経・律・論二千余巻を助写し、それが比叡山に安置されることになった一切経であると言う。経論章疏の充足はそれ以後も行われていくが、ここに比叡山の経蔵の基盤が確立したのである。

なお、東国で活躍した道忠の弟子としては、下野国の広智（生没年不詳）が有名である。それは、円仁（七九四～八六四、第三代天台座主）、安慧（七九四？～八六八、第四代天台座主）といった最澄の有力な弟子として活躍することになる人材が、広智の弟子でもあったからである。また、武蔵国埼玉郡生まれの円澄（七七二～八三七、第二代天台座主）も、道忠の弟子であり、大安寺が本寺であった。円澄が比叡山に登り最澄の弟子となったのは延暦十七年（七九八）のことである。

法華十講

最澄は延暦十七年（七九八、三十三歳）冬十一月に、法華《ほっけ》十講《じっこう》という法会を勤修《ごんしゅ》した。十講とは、『法華経』八巻、及びその開経である『無量義経』一巻と結経である『観普賢菩薩行法経』（『普賢観経』『観普賢経』）一巻の合計十巻を講義するものである。この法華十講が霜月会《しもつきえ》の始まりとされ、以後、毎年行われるようになった。それは、天台大師智顗の忌日が霜月、具体的には十一月二十四日であることから、その前の十日間に亙って行われる。

そして、最澄が常に考えていたことが、『叡山大師伝』には、「常に自ら思惟すらく、国に七大寺有り。寺に六宗有り。宗に博達の人有り。人に強弱《ごうにゃく》の智有り。卑小の艸菴に龍象を容《い》るること能《あた》わざるを知ると雖も、而《しか》も一会の小座を荘厳《しょうごん》し、十箇の大徳を屈請して、三部の経典を講演せしめ、六宗の論鼓を聴聞せん、と。」と記されている。つまり、最澄は、南都の七大寺で学ばれている学派としての六宗、すなわち法相宗・三論宗・律宗・華厳宗・倶舎《くしゃ》宗・成実《じょうじつ》宗を掲げ、それらの立場の碩徳十人を招請して法華十講を開催することを企図したのである。その請書は次のようなものであった。

叡山の最澄は、十大徳の足下《そくげ》に稽首和南す。最澄は法華を伝え奉《たてまつ》るの深心の大願を発起するなり。誠に願わくは有縁の厚顧を蒙《こうむ》り、天台の教迹の釈を敷《し》かんと欲す。若し遍《イ通》く告ぐるを許さば、此の文に答えて、宝号を署せられよ。然《しか》らば則ち*浄行の願は、此の間《けん》に空《むな》しからず。普賢の誓は、*沙界に実有り。有縁の善友《ぜんう》は、百年の後に、*知足院に詣って、一面の始めに、*無生忍を悟らん。住持仏法の至りに任《た》えず。陳請し以て聞《もう》す。

＊浄行の願（じょうぎょうのがん）…浄行は『法華経』従地涌出品に記される四菩薩（上行・無辺行・浄行・安立行）のうちの一人。『法華経』如来神力品には、「爾の時、千世界微塵等の菩薩摩訶薩、地従り涌出せる者、皆、仏前に於いて、一心に合掌し、尊顔を瞻仰して仏に白《もう》して言《もう》さく、世尊よ、我等は仏の滅後に、世尊分身所在の国土、滅度の処に於いて、当に広く此の経を説くべし。所以《ゆえ》何《いか》んとなれば、我等も亦、自ら是の真浄の大法を得て、受持・読誦・解説・書写して之を供養せんと欲すればなり、と。」と見られる。

＊沙界（しゃかい）…恒河《ごうが》沙《しゃ》世界。無数の世界。

＊知足院（ちそくいん）…弥勒菩薩の浄土。知足天（兜率天）の内院。

＊無生忍を悟る（むしょうにんをさとる）…無生法忍を得ること。不生不滅の理を悟ることで、聖者の世界に入る。

十大徳を屈請しての法華十講は、『叡山大師伝』では、この文書の前に、「是を以て二十年十一月中旬、比叡の峰一乗止観院に於いて、勝猷・奉基・寵忍・賢玉・〔歳光・〕光証・観敏・慈誥・安福・玄耀等、十箇の大徳を延請す。」と述べているように、延暦二十年（八〇一）の霜月中旬に卑小の草菴であった一乗止観院（後の比叡山延暦寺）において、開催されたのである。招請した勝猷以下の十大徳については、十分には明らかにされていないが、南都で威を振るっていた法相と三論の学匠が中心であったと考えられている。法相には基（窺基《きき》、六三二～六八二）の『法華玄賛』があり三論には吉蔵《きちぞう》（五四九～六二三）の『法華義疏』等があったので、熱の籠もった激しい議論が交わされたことが推察される。そのことについて、『叡山大師伝』は次のように伝えている。

　時に諸大徳は、此の請に赴応し、各々一軸を講ず。法鼓《ほうく》を深壑《じんがく》に振って、賓・主、三乗の路に俳佪し、義旗を高峰に飛ばして、長幼、三有の結摧を破す。猶未だ歴劫の轍を改めざるがごときは、白牛《びゃくご》を門外に混ず。豈《あ》に若《し》かんや、初発の位に昇り、阿荼《あだ》を宅内に悟らんには。各々芳志を結び、座終って去る。

この記述からは、参加した大徳と、主催した最澄の間で三乗と一乗の議論が交わされたこと、そして、芳志を結んで散会したことが知られる。しかし、最澄の立場とは相容れなかったことも伝えている。それは、後でも言うように、最澄は天台教学によって歴劫《りやつこう》成仏を否定し、即身成仏、或いは速疾の成仏を説くからである。特に、ここで、諸大徳が歴劫の轍を改めることなく、白牛を門外に混ずると述べていることや、「豈に若かんや、初発の位に昇り、阿荼を宅内に悟らんには。」と論じていることは、天台教学に基づく最澄の立場を端的に表している。

すなわち、三界火宅の喩で有名な『法華経』譬喩品で説かれる羊《よう》・鹿《ろく》・牛《ご》という門外三車の中の牛車《ごしや》と大白牛車《たいびやくごしや》を混同する立場は、三乗を真実とする法相宗の立場であり、歴劫修行を主張する。それが、「初発心の位に登って、阿荼を宅内に悟る」ことを説く天台宗には及ばないことを述べているのである。この記述は難解であるかもしれないが、天台教学の基本説を踏まえている。

初発心《しよほつしん》というのは初発心住のことであり、四十二位の最初の初住位を指す。そこからが聖者の位であり、六即で言えば分真即（分証即）の最初に当たる。天台教学では、その位を六十巻の『華厳経』に説かれる「初発心時便成正覚」という言葉で説明し、その時点で正覚（悟り）を得ると言うのである。天台宗では四十二位を、悉曇《しったん》（梵字）の四十二字門に当て嵌めて説示し、その最初が阿で、最後が茶となる。阿字に後の四十一字の功徳が具足されるように、初住位の悟りにも妙覚位までの全ての功徳が備わっているというのが立脚点となっている。三界を寓意する宅内において、その位に到達するというのは、即身成仏思想に通ずる考え方である。日本天台で即身成仏を初住（分真即）で論ずることは最澄に始まるが、成仏した時点での身体をどのように捉えるかということは、後継者の課題となった。そのことについては後で触れることにして、ここでは立ち入らないが、『叡山大師伝』が、その当時の最澄の思想を伝えようとしていることに興趣を覚えるばかりである。

なお、後に最澄が入唐する時に『屈十大徳疏』十巻を携えていくのであり、それはこの延暦二十年の法華十講の記録と考えられている。

高雄山寺での天台講演

『叡山大師伝』では、続けて和気弘世（広世）と真綱という兄弟の名前を紹介する。この二人は和気清麻呂（七三三～七九九）の子息として知られ、最澄の後援者として重要な役割を果たした。

時に国子祭酒吏部〔侍〕郎朝議大夫和気朝臣弘世《わけのあそんひろよ》、幷びに真綱《まつな》等有り。積善自《しやくぜんよ》り生まれ、伝灯を懐と為し、宿縁の追う所、大師に奉侍《ぶじ》せり。霊山《りようぜん》の妙法を、南岳に聞き、総持の妙悟を、天台に闢《ひら》く。一乗の擁滞を慨《なげ》き、三諦の未だ顕れざるを悲しむ。二十一年正月十九日を以て、善議・勝猷・奉基・寵忍・賢玉・安福・勤操《ごんそう》・修円・慈誥・玄耀・歳光・道証・光証・観敏等十有余の大徳を延《ひ》きて、高雄山寺に於いて、天台の妙旨を講演せしむ。

ここに「宿縁の追う所、大師に奉侍せり。」と見られるのは、和気弘世と真綱が過去世から最澄と繋がっていることを述べたもので、いわゆる霊山《りようぜん》同聴の話になぞらえたのである。霊山同聴とは、南岳慧思（五一五～五七七）が、智顗（五三八～五九七）に対して、昔一緒に霊鷲山《りようじゆせん》で釈迦から『法華経』を聞いたことがあると語ったことを意味する。そして、一乗思想が弘まることなく停滞していることを嘆き、天台独自の思想である三諦《さんだい》円融、つまり、空諦・仮諦《けたい》・中諦という三つの真理が円融しているという思想が世に顕れていないことを悲しんでいると記している。そこで、和気弘世と真綱が、延暦二十一年（八〇二）

正月十九日に高雄山寺で十数名の大徳を招請して天台の妙義を講演させたと言うのである。

このことについては、次に記される文章との関わりから、幾つかの理解が示されているが、『叡山大師伝』の文脈から読むことの妥当性も示されているので、今はその立場を採ることにしたい。つまり、先ずは延暦二十一年（八〇二）正月十九日に天台の妙旨を講ずる法会が催されたことを確定する。場所は、和気氏の氏寺である高雄山寺《たかおさんじ》（神護寺）であり、後でも言うように、高雄山寺は平安初期の仏教者にとって要衝となる。また、ここに記される十四名の大徳は、延暦二十年十一月の法華十講で屈請した十名に四名を加えたものであり、新たに名を列ねた善議（七二九～八一二）・勤操《ごんそう》（七五四、一説七五八～八二七）・修円（七七一～八三五）・道証（七五六～八一六）は当時の仏教界を担う高徳の僧侶と言われている。

善議と勤操は師弟関係にあり、三論宗の学者として名高い。法相宗が優勢な時代において、善議は三論宗の老名僧として活躍していたのである。修円と道証は法相宗の学匠であるが、最澄とは交流が続き、最澄入唐後には密教の伝法を受けている。

『叡山大師伝』では、その後に「即ち祭酒が大師を請ぜし文に云く」として、和気弘世の最澄に対する招請文を載せるのであり、「即」の一文字は、その前に記された延暦二十一年正月十九日を承けていると考えられる。

弟子弘世、比叡の大忍辱者《にんにく》の禅儀に稽首和南す。此の高雄の法会に、厚く恩誨《おんかい》を蒙《こうむ》って、鈍根を勤め励まし、聖徳を憑《たの》み仰いで、此の事を果さんと欲す。然るに今度の会は、唯《ただ》、世間に常に修する功徳の事に非ず。委曲の趣、元来、照らす所なり。故に仙儀を仰ぎ望んで、専《もっぱ》ら此の会の主と為さんとす。伏して乞う、大慈もて、必ず哀愍《あいみん》を垂《た》れて、夏の始めの明日、高雄に降臨して、預め指撝《しき》を加えよ。聖容を相待つこと、是れ深く憑《たの》む所なり。種種の事は、面《まのあた》り量定し奉る可《べ》し。更に一二ならず。又、批して云《いわ》く、千載の永例、今度始む可し。奉面に非ざる自《よ》りは、毎事、疑多からん。乞う、必ず降垂して、仏日を興隆せられよ、と。

これは「批云」以下の追記を含め、最澄に対する懇篤な依頼状であり、解釈が一定しない文書ではあるが、「夏の始めの明日、高雄に降臨して、預め指撝を加えよ。」という箇所が示す通り、高雄山寺の法会について、高雄山寺であらかじめ指揮してほしいと懇願する内容となっている。要するに、比叡山の法華十講が行われた延暦二十年と同じ年のことと考えられるのである。但し「夏始明日」という箇所が「夏終明日」となっている異本もあり、年次の示されない文献であることと相俟って、諸見解が示されている。しかし、文脈から言えば、延暦二十一年正月十九日に高雄山寺で開かれた法会の打ち合わせを前年に行ったということであれば意味を取る上では問題ない。夏は夏安居《げあんご》であるから、夏の終わりの翌日である七月十六日の方が確かに分かりやすい。

最澄と和気弘世との師資の交流は、桓武天皇の知るところとなり、桓武天皇は和気入鹿《いるか》を勅使として、和気弘世に口宣《くぜん》を賜った。それは後に見る桓武天皇に宛てた善議らの謝表等から、延暦二十一年(八〇二)八月二十九日のことになる。その中には、「是を以て和気朝臣《あそん》、二六の龍象を延《ひ》きて、一乗の法筵を設け、天台の法華玄義等を演暢す。」とあり、十二人の龍象《りゅうぞう》(高僧)を招待しての一乗の法筵を主催し、その内容が天台の『法華玄義』等であったことが述べられている。桓武天皇の口宣には、天台の法門に対する「像季(像法の末)の伝灯、古今未だ聞かず。法筵に随喜し、功徳を称歎す。」という表現も見られる。その法会は一両日でできるものではなく、延暦二十一年正月十九日以降も継続していた。

そして、その謝表は、「沙門善議等言《もう》す。今月二十九日、治部大輔正五位上和気朝臣入鹿、宣を奉じ口勅す。法華の新玄疏を山寺に講説することを聞き、一乗に随喜す、と。」と始まる。つまり、天台思想を高雄山寺で講説することを聞き、一乗の教えに随喜したという桓武天皇の言葉から書き出しているのである。「法華新玄疏」は『法華玄義』と『法華文句』のことであり、『叡山大師伝』の少し後の記述によって、『法華玄義』の講義は九月二日に終わり、次いで『法華文句』の講義が九月六日に始まったことが知られる。

この桓武天皇に対する、善議らの謝表には幾つかの特色が認められる。先ずは、天台の五時教判が示されていることが挙げられる。五時とは華厳、阿含、方等、般若、法華（法華・涅槃）という順序で釈迦が教えを説いたとする考え方で、ここでは方等は省略されている。そして、欽明天皇の時に日本に伝わり、更に南岳慧思の生まれ変わりであるとされる聖徳太子が仏法を弘めたとする。加えて、慧思と智顗の霊山同聴に言及し、天台教学が釈迦一代の教えを総括したものであって、六宗の学徒の知るところではなく、日本の仏教界に初めて紹介されたとし、三論と法相の久年の争いが氷解したとまで言う。

桓武天皇が、天台の教迹が特に諸宗を超過し、南岳慧思の後身が聖徳太子として垂迹したことを知ったのは同年（延暦二十一年）九月七日であった。慧思と聖徳太子の関係は、後身説と、もうひとつ、聖徳太子が慧思の持経であった『法華経』を日本にもたらしたという伝説で彩られている。

なお、『叡山大師伝』では最澄の入唐求法の話題に入ってから、春宮《とうぐう》、すなわち安殿《あて》親王（後の平城天皇）の動向に言及するが、ここで少々触れておく。

中務省の内記であった山辺全成《やまべのまたなり》が、天台の教えを尊崇し後に伝えるべきことを述べたところ、その言葉が安殿親王に届いた。その結果、延暦二十一年（八〇二）九月六日に安殿親王は紀鈴鹿麻呂《きのすずかまろ》を遣わして、「高雄の法会を随喜し、天台の教迹を尊重す。」という旨を伝えたと言う。その言葉に対して、善議らは即日に謝啓の文書を呈し、奉謝の意を表した上で、高雄山寺における法会の様子を伝えている。その中には、漸く天台の教えが知られることになったことを、「顗晦《けんかい》は時に従い、行蔵《こうぞう》は運に在り。」という名言で説示しているが、その辺りの表現は玄奘（六〇二～六六四）の、「皇帝が春宮に在りし日に、写す所の六門経、及び菩薩蔵経等に題する謝啓」（『寺沙門玄奘上表記』）に倣ったものである。最澄や善議の上表文が玄奘の文章を摸して構成されていることは知られている。「顗晦は時に従い、行蔵は運に在り。」は、善議の謝啓では「此の間に度《わた》り来ると雖も、久しく隠れて未だ伝わらず。」とも換言されている。その他、善議は、「夫れ聖徳皇子は、持経を大唐に取って、妙旨を本朝に疏せり。」のように、聖徳太子の取経説や『法華義疏』執筆について述べたり、天台教学の秀逸性や、更には高雄山寺での進行状況などを報告している。

以上のような経緯があって、最澄は入唐求法の必要性を上表という形態で説くことになる。

〈コラム2〉 四教と行位

天台宗の教判は五時八教《ごじはっきょう》という体系で語られることが多い。特に有名なのは『諦観録』と呼ばれる諦観《たいかん》（生没年不詳、十世紀頃）撰『天台四教儀』に示された教義である。それは、智顗（五三八～五九七）に始まる天台教学の一つの整理法であり、問題点*が指摘されることもあるが、全体を概観できるので有益な点も少なからずある。先ず、五時八教の図を示しておく。

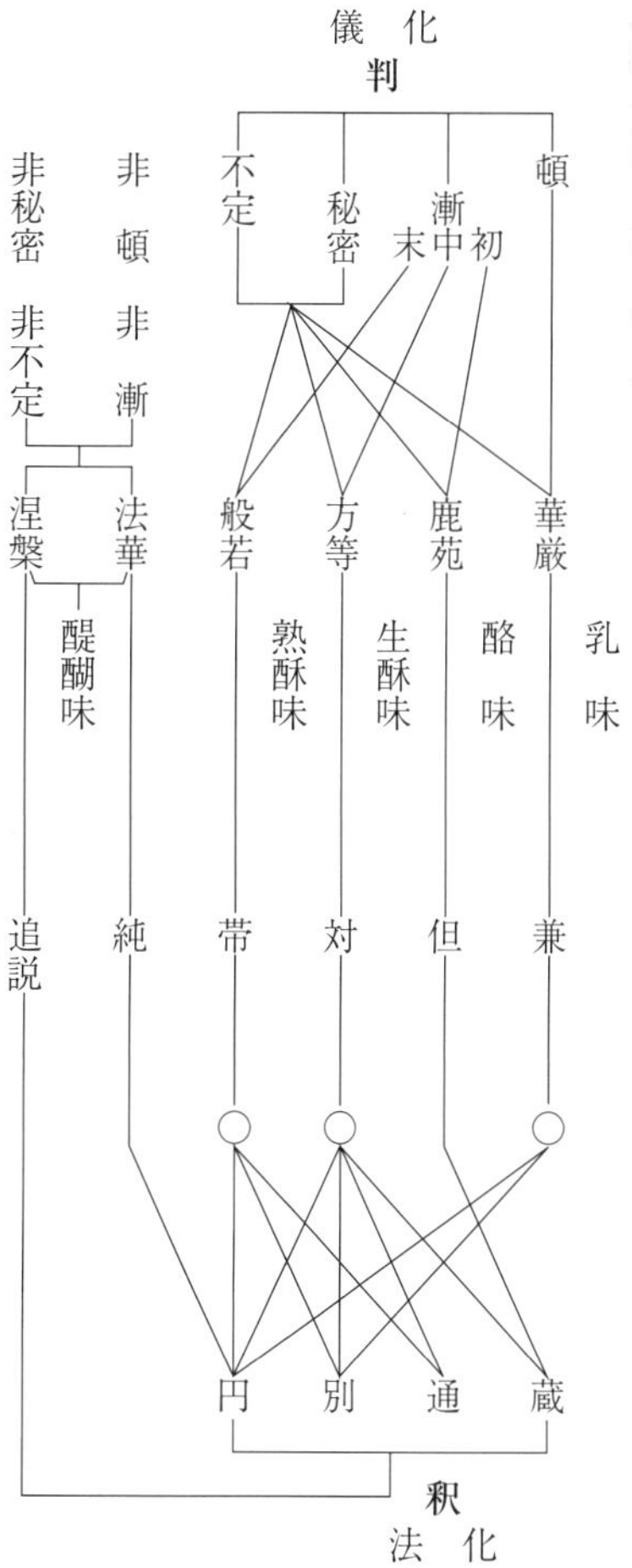

（大宝守脱『天台四教儀講述』巻一「五時八教判釈之図」）

五時とは華厳時、鹿苑時（阿含時）、方等時、般若時、法華・涅槃時のことである。それらは釈迦一代五十年の説法を順を追って五時に分類したものであり、乳味、酪味、生酥味、熟酥味、醍醐味という牛乳の五味の変化に配当される。その最上位が醍醐味であることは言うまでもなかろう。

八教は化儀の四教と化法の四教を意味し、化儀の四教は頓・漸・秘密・不定、化法の四教は蔵・通・別・円のことである。これらの二種の四教のうち、天台教学の基本となるのが蔵・通・別・円の四教である。

蔵教は三蔵教のことで、小乗仏教を意味することが特色である。その行位論では阿羅漢果（無学果）に至る階梯を設ける。通教は乾慧地《けんねじ》を初地とし第十地を仏地とする共《ぐう》の十地を階梯とする。別教は十信・十住・十行・十廻向・十地・等覚・妙覚という五十二位を立てる。この五十二位は円教で立てる行位でも用いられる。しかし、その凡・聖の配対は同じではない。別教は不共《ふぐう》の十地の最初である歓喜地《かんぎじ》から聖位に入る。つまり、初歓喜地から第十法雲地までの十地と等覚・妙覚の合計十二地が聖者の位となる。

一方、円教は初住位からが聖位となるのであり、合計四十二位が聖位となる。なお、別教の初地と円教の初住は両教が結合する位としての意義を持つ。円教では五十二位だけでなく、独特の行位として六即位を立てるのである。

その円教の初住位は六即では分真即（分証即）の初めであり、天台教学における極めて重要な位となっている。例えば、『華厳経』に基づく「初発心時便成正覚」も天台円教の初住位とされ、また『法華経』提婆達多品の龍女の成仏（即身成仏）も初住成仏が根本説となる。

＊問題点…このことは、論争になった。関口真大編著『天台教学の研究』（大東出版社、一九七八）参照。

第三章

入唐と帰朝

入唐求法を志す

桓武天皇の意を汲み、和気弘世とも相談した最澄は、次のような上表文を提示した。これは、延暦二十一年（八〇二）九月のことになる。

沙門最澄言《もう》す。最澄は早く玄門に預り、幸いに昌運に遇い、至道を聞くを希《ねが》い、心を法筵に遊ばしむ。毎《つね》に恨《うら》むらくは、法華の深旨、尚《なお》未だ詳釈せず。幸いに天台の妙記を求め得て、披閲すること数年、字謬り行脱けて、未だ細かき趣を顕わさず。若し師伝を受けざれば、得たりと雖も信ぜられず。誠に願わくは留学生《るがくしょう》・還学生《げんがくしょう》各一人を差《つかわ》して、此の円宗を学ばしむれば、師師相続《あいつい》で、伝灯絶ゆること無からん。此の国に現に伝うる、三論と法相との二家は、論を以て宗と為し、経を宗と為さざるなり。三論家は、龍猛《りゅうみょう》菩薩所造の中観等の論を宗と為す。是を以て一切の経文を引いて、自宗の論を成し、経の義を屈して、論の旨に随えり。又、法相家は、世親菩薩所造の唯識等の論を宗と為す。是を以て一切の経文を引いて、自宗の義を成し、経の文を折《くじ》きて、論の旨に随えり。天台は独り論宗を斥けて、特に経宗を立つ。論は此れ経の末、経は此れ論の本なり。本を捨てて末に随うは、猶《なお》、上に背《そむ》いて下に向かうがごとし。経を捨てて論に随うは、根を捨てて葉を取るが如し。伏して願わくは、我が聖皇の御代に、円宗の妙義を唐朝に学ばしめ、法華の宝車を此の間に運《めぐ》らしめん。然らば則ち、聖上法施の基《もとい》、更に往日よりも厚く、釈氏法財の用、亦、永代に富まん。望む所は、法華円宗、日月と明《あか》りを斉《ひとし》うし、天台の妙記、乾坤と固きことを等うして、庶《こいねがわ》くは百代の下、歌詠窮《きわ》まり無く、千載の外、瞻仰絶ゆること無からん。僂僂《るる》の至りに任《た》えず。謹んで表を奉り以て聞《もう》す。

奏聞《そうもん》の趣旨は、日本に鑑真来朝以来の天台文献が伝わっているとしても誤写も多く、留《る》学生《がくしょう》（長期滞在者）と還学生《げんがくしょう》（短期滞在者）を各一名宛、唐に遣わして天台の円宗を師から学ばせたいということである。天台の特長としては、三論宗や法相宗が論宗であることと異なり、経を根本とする経宗であることを述べている。なお、ここでは天台のみが経宗であることを主張しているのであり、華厳宗については論及がない。南都の仏教が法相と三論のみと言えるような状況であったことを反映しているのかもしれない。

この上表文では、最澄自身が入唐することは書かれていないのであり、天台法華宗の留学生として円基と妙澄らが認許されたと言う。しかしながら、九月十二日に、桓武天皇は和気弘世に詔し、その中で、「今、最澄闍梨、久しく東山に居り、宿縁相追うて、此の典を披覧し、既に妙旨を探る。久修業《くしゆごう》の所得《しよとく》に非ざる自《よ》りは、誰か敢《あえ》て此の心を体せんや。」と述べた。つまり、最澄闍梨が久しく比叡山で修行したことを「久修業所得」という『法華経』如来寿量品の言葉で表し、最澄自らが入唐すべきであることを伝えたのである。更に、和気入鹿に勅して、最澄を「入唐請益《しようやく》天台法華宗還学生」として遣わすことを伝えた。最澄は直ちに謝表を和気入鹿に託して提出し、「微劣の心を励まして、天朝の命に答えん。」と述べた。この文書は、最澄の『顕戒論縁起』によって九月十三日付であったことが知られる。

その後、最澄は後に初代天台座主となる義真（七八一～八三三）を求法の訳語《おさ》（やくご、通訳）として伴うことを願い出る。やはり『顕戒論縁起』によって、十月二十日という日付が確認できる。その「求法の訳語を請う表」では、自らについて「最澄は未だ漢音を習わず、亦、訳語に闇《くら》し。忽《たちま》ち異侶に対《むか》わば、意緒を述べ難し。四船の通事は、使に随って経営せん。」と言う。つまり、最澄自身は言語による意思疎通が困難であり、しかも四船で向かう遣唐使船に同行する通事（通訳）は最澄には伴わないことを述べているのである。その上で、義真について次のように紹介する。

当年得度の沙弥義真、幼にして漢音を学び、略《ほぼ》、唐語を習えり。少壮にして聡悟、頗る経論に渉《わた》れり。仰ぎ願わくは殊に天恩を蒙って、傔従《けんじゅう》の外に、件《くだん》の義真を請うて、求法の訳語と為し、兼ねて復《また》、義理を学ばしめん。然らば則ち天台の義宗の諮問に便有り。彼の方の聖人と情を通ずること難からず。若し猶《なお》、残る所有らば、須《すべから》く留学生に属し、年を経て訪ね求めしむべし。

義真を求法の訳語として同行させることを要請しているのであり、単なる通訳ではなく、最澄と共に天台を修学する者として期待されていることが分かる。このようにして、最澄は義真を伴って、還学生として入唐することになるのである。

最澄の入唐に当たり、春宮安殿《とうぐうあて》親王は書道の達筆な者を選んで、大唐に送るため『法華経』『無量義経』『観普賢菩薩行法経』という三部経をそれぞれ二通書写させた。その一通は天台山修禅寺（禅林寺）の一切経蔵に安置し、もう一通は比叡山寺の一切経蔵に安置して、弘通の本となすものであった。安殿親王は金銀数百両を施与して、天台仏教を学び日本に伝えることを希求したのであった。

遣唐使船が延暦二十二年（八〇三）四月十四日に、藤原葛野麻呂《ふじわらのかどのまろ》を遣唐大使として、難波津《なにわづ》（大阪）を出帆する。しかし、荒天のため失敗に終わる。『叡山大師伝』では、そういったことは記されず、延暦二十二年（八〇三）閏十月二十三日の記事に移る。すなわち最澄はその日に、太宰府の竈門《そうもん》山寺で、遣唐使の四船が平穏に唐土に着くよう祈念して、檀像（白檀の像）の薬師如来四軀を作ったと言う。それらは高さ六尺余りで、その名を無勝浄土善名称吉祥王如来と号した。善名称吉祥王如来は七仏薬師の第一であり、その八願の中の第八願が、「願わくは我、来世に菩提を得ん時に、若し衆生有って、江海に入り、大悪風に遭い、其の船舫《せんぼう》を吹かんに、洲渚にして帰依を作すこと有ること無ければ、極めて憂怖《うふ》を生ずるも、若し能く至心に我が名を称《とな》えば、是の力に由るが故に、皆、心に随って安隠処に至るを得、諸々の快楽《けらく》を受け、乃ち菩提に至る。」（『薬師琉璃光仏七仏本願功徳経』巻上）というものである。また、『法華経』『涅槃経』『華厳経』『金光明経』等の大乗経典を数回に亙って講説したことを伝えている。

『叡山大師伝』では、その後すぐ、延暦二十三年（八〇四）七月の出帆の話になるので、それまでのことはよく分からない。少なくとも、遣唐使一行が、延暦二十二年四月の渡航に失敗し、そのほぼ一年後、再び難波津を出帆したと考えられているとしても、最澄はそれ以前に既に筑紫の地に到着していたのである。また、『叡山大師伝』に示される約十年後の回想では、入唐前に賀春《かわら》（福岡県田川郡香春町）で法華院を建てて『法華経』を講じたことも示されているのであり、入唐に向けての活動をしていたことが知られる。

唐土へ

延暦二十三年（八〇四）秋七月六日、遣唐四船は、肥前国（長崎県）松浦郡田浦を出発した。最澄が乗船したのは第二船である。第一船には遣唐大使藤原葛野麻呂《かどのまろ》が乗船した。その第一船には、後に真言宗の宗祖となる空海（七七四～八三五）も乗っていた。若い頃の空海については不明な点も多く、日本天台宗の密教を大成した安然（八四一～八八九～、一説九一五没）が、その著『教時問答』（『真言宗教時義』）巻三で入唐以前の空海のことを「元、薬生《やくしょう》為《た》り」と記したため、その説に準じて空海が本来は薬生であったという見解も示されるようになったが、事実かどうかは不明である。

遣唐四船のうち、第一船が唐土に到着したのは三十四日後の八月十日であり、目的地より南の「福州長渓県赤岸鎮已南海口」（『日本後記』巻一二）に到着した。最澄が乗船していた第二船は到着した日時は不明であるが、暴風は吹いたものの明州（浙江省）鄮《ぼう》県に無事到着した。第三船と第四船はそれぞれ動向は異なるが、共に平穏無事な渡海ではなかったようである。

第二船の一行は九月一日に長安に向かって明州を出発したが、疾病のため療養していた最澄は、一行を見送った後、九月十五日に天台山を目指して出発した。
最澄と義真、そして従者の丹福成が台州（浙江省）に到着したのは九月二十六日であり、台州の刺史《しし》陸淳（?～八〇五）と出会った。その時の様子を伝える文書が『顕戒論縁起』に収められている。

貞元二十年九月二十六日を以て、海郡に臻《いた》る。大守陸公（陸淳）に謁して、金十五両、筑紫の斐紙二百張、筑紫の筆二管、筑紫の墨四挺、刀子一、加斑の組《くみひも》二、火鉄二、大石《火カ》八を加う、蘭木九、水精珠一貫を献ず。陸公は、孔門の奥旨に精《くわ》しく、経国の宏才を蘊《あつ》む。清きこと氷囊に比し、明らかなること霜月に逾《こ》えたり。紙等の九物を以て、庶使に達し、金を師に返す。師は訳言して、金を貨《はか》り紙を貿《か》って、用《もっ》て天台の止観を書せんことを請う。陸公之に従う。乃《すなわ》ち大師の門人の裔哲、道邃《どうずい》と曰うに命じて、工を集めて之を写さしむ。月を逾えて畢んぬ。

これは、翌年の貞元二十一年（唐の年号、八〇五）巳日（三月三日）に台州の司馬であった呉顗《ごぎ》が最澄を送るために書いた文の中のものであり、最澄が陸淳に献上した金と九物について示されている。その中、金十五両については戻されたので、それを『摩訶止観』の書写に充てることになった経緯が記されているのである。ここに、陸淳から書写を命じられた人物として名前が出る道邃（生没年不詳）は、後で述べる行満《ぎょうまん》（一説、七三七～八二四）と共に、六祖湛然の弟子であり、最澄の師として最重要の僧侶である。

陸淳と道邃

道邃は中国天台の第七祖であり、陸淳は道邃を台州の龍興寺に呼び寄せていたのである。『叡山大師伝』に見る、最澄到着時とその後の説明は次のようである。

> 同月下旬、台州に到る。天台山国清寺の衆僧は、遞《たが》いに来《きた》って慰労し、寺に帰り歎じて曰う。昔は西域の騰*・蘭、梵夾《ぼんきょう》を白馬に駄し、邪道を南郊に降すと聞く。今は東域の闍梨が、妙法を滄波に渡し、蒼生を水陸に拯《すく》わんとするを見る。各々礼敬を竭《つ》くして、頂戴随喜せよ、と。時に台州の刺史陸淳は、天台山修禅寺の座主僧道邃を延《ひ》きて、台州の龍興寺に於いて、天台の法門、摩訶止観等を闡揚《せんよう》せしむ。即便《すなわ》ち刺史は求法の志を見、随喜して云《いわ》く、道を弘むるは人に在り。人能く道を持す。我が道の興隆は、今当《まさ》に時なり、と。則ち邃座主を句当《イ勾当》として、天台法門を写さしむ。纔《わず》かに書写し已

れり。巻数は別の如し。邃和上は、親しく心要を開き、咸《ことごと》く義理を決す。瓶水《びょうすい》を瀉《そそ》ぐが如く、宝珠を得るに似たり。又、邃和上の所に於いて、*三学の道を伝えんが為に、*三聚の戒を願求す。即ち邃和上は、丹誠を照察し、道場を荘厳《しょうごん》して、諸仏を奉請し、菩薩の三聚大戒を授与せり。

＊騰・蘭（とう・らん）…迦葉《かしょう》摩騰と竺法蘭。仏典を白馬に乗せて中国にもたらしたと伝えられる。
＊三学（さんがく）…戒・定・慧の実践修行。
＊三聚の戒（さんじゅのかい）…三聚浄戒。摂律儀戒・摂善法戒・摂衆生戒のこと。大乗の戒法。

台州に到着した同月下旬というのは、貞元二十年（八〇四）九月二十六日のことである。そして、天台山国清寺の衆僧が慰労に来たことが書かれ、続けて台州の刺史陸淳に話題が移る。陸淳が天台山修禅寺の座主僧道邃を台州の龍興寺に招いて、『摩訶止観』等の天台法門を講義させていたこと、また、陸淳が道邃を勾当《こうとう》（句当）として天台法門を書写せしめたことも記されている。最澄が台州で入手した文献の目録である『台州録』については後述する。

右の記述で、先ず注目すべきは、陸淳が最澄の求法の志を見て随喜し、「道を弘むるは人に在り。人能く道を持す。我が道の興隆は、今当《まさ》に時なり。（弘道在人。人能持道。我道興隆、今当時矣。）」と述べたと記していることである。ここに、「道を弘めるのは人に在る。人が能く道を持すのである。」と見られるのは、飽くまで人を中心に捉える言葉であり、その典拠は『論語』（衛霊公）の、「子曰く、人能く道を弘む。道、人を弘むるに非ず。（子曰、人能弘道。非道弘人。）」という名言である。この『論語』の「人が能く道を弘める。道が人を弘めるのではない。」という名言は、中国の仏教者にも大きな影響を与え、古代の日本でも知られていた。私は、この陸淳や『論語』の言葉が最澄に大きな影響を与えたと考えている。

そうであれば、後に、最澄の弟子であった光定《こうじょう》（七七九～八五八）が『伝述一心戒文』の中で紹介している最澄の、「道（は）人を弘め、人（は）道を弘む。道心の中に衣食《えじき》有り。衣食の中に道心無し。（道弘人、人弘道。道心之中有衣食矣。衣食之中無道心矣。）」という名言には疑問が生ずるのである。特に大事なのは後半の、「道心（覚りを求める心）の中に衣食が有る。衣食の中には道心は無い。」という箇所であり、そこに最澄の考えが示されている。問題は、その前に、「道が人を弘め、人が道を弘める。」と書かれていることであり、この部分を『論語』の「人能く道を弘む。道、人を弘むるに非ず。（人能弘道。非道弘人。）」と置き換えると、その意味だけでなく、肯定文と否定文という形態からも整合するのである。「道（は）人を弘め（道弘人）」は『論語』を前提にすると、誤写等、何らかの誤りと思われ、一考を要するのではなかろうか。

また、右の文中には道邃からの付法が簡単に示されている。最澄や義真が道邃から円教の菩薩戒を受けたのは貞元二十一年（八〇五）三月二日であり、『内証仏法相承血脈譜』の「天台円教菩薩戒相承師師血脈譜」には、「大唐貞元二十一年歳《ほし》乙酉大日本国の延暦二十四年乙酉に当るなりに次《やど》る春三月二日初夜二更亥の時、台州臨海県龍興寺西廂の極楽浄土院に於いて、天台の第七伝法の道邃和上を奉請《ぶしょう》し、最澄・義真等は、大唐の沙門二十七人と倶に円教の菩薩戒を受けたり。」と記されている。

なお、最澄は『顕戒論』巻上に、「最澄・義真等、延暦末年、使を大唐に奉じ、道を天台に尋ぬ。謹んで国徳を蒙って、台州に到ることを得。即ち当州の刺史陸淳は、求法の誠を感じて、遂に天台道邃和上に付せり。和上は慈悲もて、一心三観を一言に伝え、菩薩の円戒を至信に授く。天台一家の法門、已に具わる。」と述べているのであり、道邃から菩薩の円戒に併せて、一心三観を一言に伝えられたとしている。

一言による一心三観の伝授をどのように理解するかは難しい問題であるが、最澄としては台州で天台法門を修得したことを誇ったのである。この一言の伝授は、後の日本天台で隆盛となる口伝法門で尊重されることになる。一言について、道邃から最澄への「道邃和尚付法文」(「道邃和尚伝道文」)が伝わるが、二人への敬慕に基づく偽撰と考えられる。

短い文献ではあるが、最澄が台州龍興寺の極楽浄土院で、道邃に質問をして得た決答を記録した『天台宗未決』も伝えられ、そこには貞元二十一年二月二十九日の日付が見られる。この『天台宗未決』では、天台宗の行位論やその他基本的な十箇条の教義が扱われ、第四問答では『摩訶止観』に見られる「造境即中」の「造」の読み方について、「四、最澄問うて曰く、造境即中とは、造の字訓未だ得ざるなり。座主答えて曰く、造は詣なり。理に詣るが故に即中なり。」という現在の日本における「(境に)いたる」という訓読の基になる決答を得ている。

行満との邂逅と天台山

『叡山大師伝』では道邃について述べた後、「又、同時に付法の仏隴《ぶつろう》寺の僧行満座主有り。……」と、行満について紹介するが、日付の明示がない。最澄は天台山への登山を果たし、仏隴寺の座主行満に師事することができた。

前に述べたように、最澄が明州を出発したのは、病気療養をした後の貞元二十年(八〇四)九月十五日であった。その目的地が天台山であることは言うまでもなく、「明州牒」

には、次のように記されている。

明州　牒す

日本国の求法僧最澄、天台山に往きて巡礼す。金字の妙法蓮花経等を将《たずさ》う。

金字妙法蓮華経一巻 八巻 外に金字を標す　无量義経一巻

観普賢経一巻 已上十巻、共に一函にして盛りて封全うす。最澄称《いわ》く、是れ日本国の春宮永く封ず。未だ到らざれば開拆《かいたく》することを許さず、と。

屈十大徳疏十巻　本国大徳諍論両巻　水精念珠十貫

檀龕水天菩薩一軀 高一尺

右、僧最澄の状を得るに称《いわ》く、惣《すべ》て将に天台山に往きて供養せんとす。

供奉僧最澄　沙弥僧義真　従者丹福成、と。

文書鈔疏、及び随身の衣物等、惣て計ること弐佰余斤なり。

牒す。勾当軍将劉承規の状を得るに称く、日本僧最澄の状を得るに、天台山に往きて巡礼せんと欲するに、疾病なり。漸く今月十五日に発す可し。謹んで具すること前の如し、と。者《て》えれば、使君判付し、司、公験を給す。幷びに路次の県に下し、船及び担を給して送過せしむる者なり。判に准ぜよ、と。者えれば、謹んで牒す。

貞元二十年九月十二日　史孫階　牒す

司戸参軍孫万宝

明州　牒

日本国求法僧最澄往天台山巡礼。将金字妙法蓮花経等。

金字妙法蓮華経一部 八巻外標金字　无量義経一巻

観普賢経一巻 已上十巻、共一函盛封全。最澄称、是日本国春宮永封。未到不許開拆。

屈十大徳疏十巻　本国大徳諍論両巻　水精念珠十貫

檀龕水天菩薩一軀 高一尺

右得僧最澄状称、惣将往天台山供養。

供奉僧最澄　沙弥僧義真　従者丹福成。

文書鈔疏、及随身衣物等、惣計弐佰余斤。

牒。得勾当軍将劉承規状称、得日本僧最澄状、欲往天台山巡礼、疾病。漸可今月十五日発。謹具如前。者、使君判付、司給公験。并下路次県、給船及担送過者。准判。者、謹牒。

貞元二十年九月十二日　史孫階牒

司戸参軍孫万宝

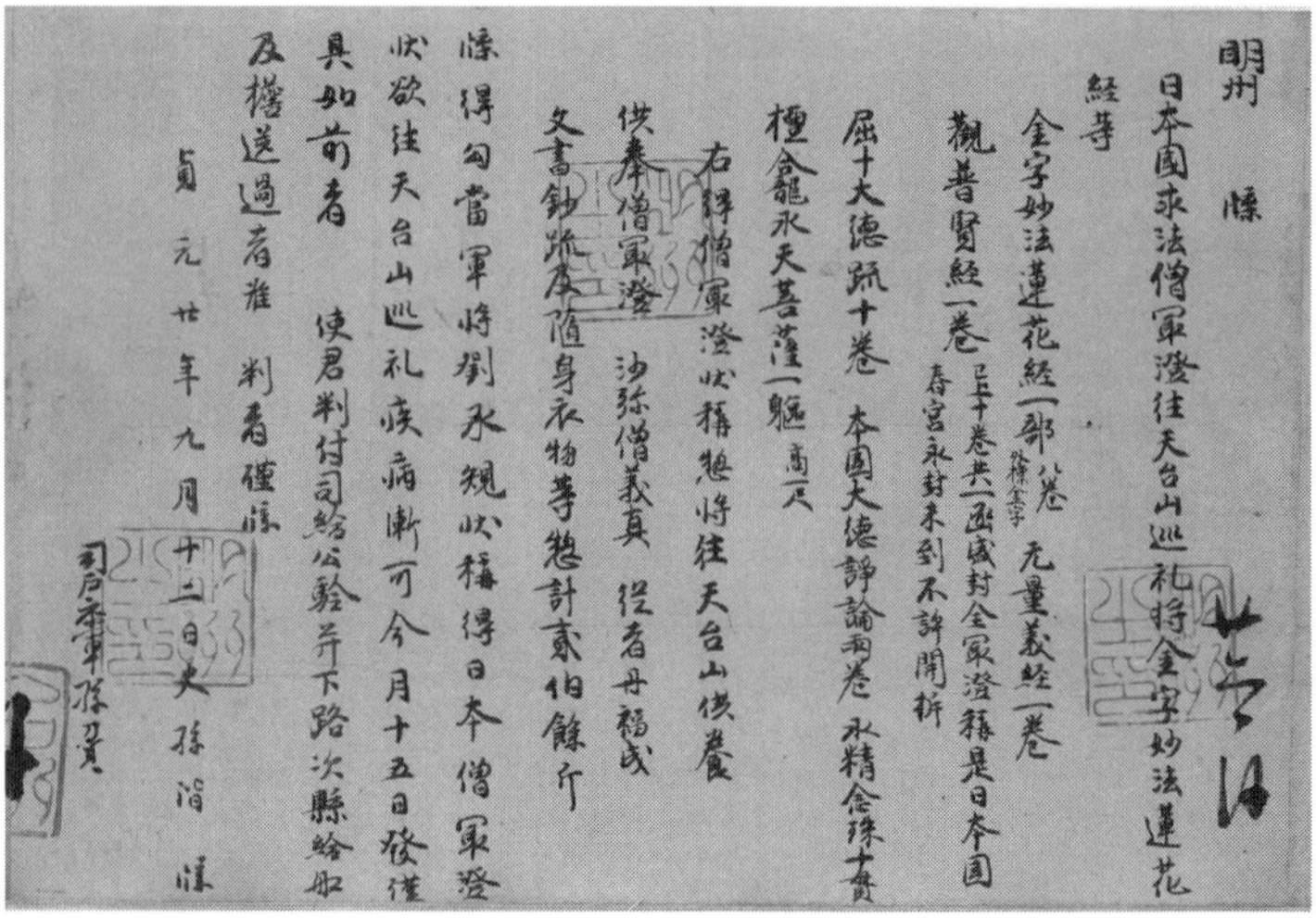
明州　牒
日本國求法僧最澄往天台山巡禮將金字妙法蓮花
經等
金字妙法蓮花經一部八卷 外標金字　无量義經一卷
觀普賢經一卷 已上十卷共一函盛封全最澄稱是日本国
春宮永封未到不許開拆
屈十大德疏十卷　本国大德諍論兩卷　水精念珠十貫
檀龕水天菩薩一軀 高一尺
右得僧最澄狀稱總將往天台山供養
供奉僧最澄　沙弥僧義真　從者丹福成
文書鈔疏及隨身衣物等總計貳伯餘斤
牒得勾當軍將劉承規狀稱得日本僧最澄
狀欲往天台山巡禮疾病漸可今月十五日發
具如前者　使君判付司給公驗并下路次縣給船
及擔送過者准　判者任牒
貞元廿年九月十二日史　孫階　牒
司戶參軍孫萬寶

国宝　伝教大師入唐牒（部分）「明州牒」（滋賀・延暦寺蔵）

この文書は、『顕戒論縁起』では「大唐明州より台州の天台山に向かう牒一首」として収められ、右の原典とでは、「無（无）量義経一巻」に「金字」の語が付加される等、若干の文字の異なりがあり、かつまた読みやすいところもあるが、ここでは国宝の原典に従っておく。

ここに見られるように、最澄は春宮（安殿親王）に託された金字の『法華経』一部八巻等、三部の経典を厳封のまま携えて、天台山に届ける任務を負っていた。それに併せて、『屈十大徳疏』十巻と『本国大徳諍論』二巻も持参していた。前者は延暦二十年（八〇一）に比叡山で法華十講を催した折の議論を録したものであり、後者は翌年の高雄山寺における天台法門に関する法会をその内容とすると考えられている。

ところで、天台山に到着した最澄一行の動向については、しばしば『天台法華宗伝法偈』が用いられる。この文献は信憑性に問題を持つものの、そこでの月日について他に具体的な資料がないためである。それに依れば、最澄が仏隴の荘で行満に拝謁したのは十月七日、そして十三日に仏隴道場に登り、伝法は十四日に行われた。その時に、『天台法華宗伝法偈』では八十余巻を授与されたとしているが、『叡山大師伝』ではやや具体的に、「凡《すべ》て法華疏・涅槃疏・釈籤・止観、幷びに記等、八十二巻。」と言う。そして、二十五日に行満と共に仏隴荘に下り、十一月五日に共に天台山から龍興寺の道邃のところに戻った。

なお、『叡山大師伝』には、行満が自ら手書した文が載っているのであり、その中に最澄についての次のような記述が見られる。

且《しばら》く、行満は龕墳《がんふん》を掃灑《そうしゃ》し、院宇を修持して、今に二十余祀を経て、諸々の成す可き無し。忽ちに日本国の求法供奉《ぐほうぐぶ》大徳最澄に逢う。法師云く、親しく聖沢《せいたく》を辞し、面《まのあた》り春宮に奉《う》けて、妙法を天台に求め、一心を銀地に学ばんとし、労苦を憚《はば》からずして、遠く滄波を渉り、夕《ゆうべ》を忽《ゆるがせ》にして朝《あした》に聞き、身を亡じて法の為にす、と。茲《こ》の盛事を観《み》るに、亦《また》何ぞ半偈*を雪山《せっせん》に求め、道場を知識に訪《と》うに異ならん。且《まさ》に満（行満）傾くるに法財を以てし、捨《ほどこ》すに法宝を以てす。百金の寄とは、其れ茲《ここ》に在るか。

＊銀地（ぎんち）…仏隴寺があった天台山の地。

＊半偈（はんげ）…「諸行無常　是生滅法」に続く「生滅滅已　寂滅為楽」の半偈を聞くために、自らの身体を提供して法を求めたという、雪山《せっせん》童子の話。『大般涅槃経』に基づく。

師であった湛然が建中三年（七八二）に没してから二十数年間、墓所でもあるこの地を守っていた行満が、最澄に出会った場面が描写されている。最澄は行満に対して、桓武天皇と安殿親王の恩恵により、妙法を天台山に求め、一心三観の教えを学ぶのであり、労苦を厭わないことを語った。そして行満は雪山童子や善財童子を喩えとして挙げ、命を賭した求法に応えるのである。

十月に、最澄が天台山を訪れていたことは、『内証仏法相承血脈譜』の「達磨大師付法相承師師血脈譜」の中に、「大唐貞元二十年十月十三日、大唐国台州唐興県の天台山禅林寺の僧翛然《しゅくねん》は、天竺・大唐二国の付法血脈、幷びに達磨の付法牛頭《ごず》山の法門等を伝授す。」と見られることや、同じく「雑曼荼羅相承師師血脈譜」の中に、「大唐貞元二十年十月、台州国清寺の惟象《ゆいぞう》和上は、大仏頂大契曼荼羅の行事を伝授す。」と記されていることから知られる。これらに基づき、十月十三日に天台山禅林寺の翛然から達磨付法の牛頭禅《ごず》を伝授され、十月某日に、天台山国清寺の惟象から大仏頂大契曼荼羅の行事を伝授されたことが分かる。

その後、義真は十二月七日に天台山国清寺で、清翰を戒和上として三師七証による具足戒を受けた。義真は日本で具足戒を受けていなかったのである。関連文書である戒牒と、台州や明州の公験が『顕戒論縁起』に収められている。

台州を去る

『顕戒論縁起』には、台州から最澄を送る惜別の文書が収められている。「台州相《あい》送るの詩一首」は貞元二十一年巳日に台州司馬呉顗による、「最澄上人が日本国に還るを送る叙」を先ず載せる。その中に、最澄が到着した時の様子が記されていることについては、既に述べた。「巳日」は上巳、つまり三月三日と考えられている。そして、その後、九人の詩が列記されている。一つ目は無記名であるが、叙を記した呉顗のものであろう。以下の八人は、台州録事参軍孟光・台州臨（海脱カ）県令毛渙・郷貢進士崔謩《さいぼ》・広文館進士全済時・天台沙門行満・天台帰真弟子許蘭・天台僧幻夢・前国子監明経林暈である。それらの中、行満は次のような詩を作った。

天台沙門行満

異域の郷、音は別なれども、観心の法性は同じ。来る時、半偈を求め、去罷して真空を悟る。

貝葉《ばいよう》翻経の疏もて、帰程は大海の東。何れか当に本国に到り、踵《きびす》を大師の風に継ぐべし。

異域郷音別、観心法性同。来時求半偈、去罷悟真空。

貝葉翻経疏、帰程大海東。何当到本国、継踵大師風。

ここに「来る時、半偈を求め」とあるのは、前に触れたことに同じく、雪山童子の求法に準《なぞら》えたのである。日本と中国では音は異なるが、天台の観心法門、すなわち心の法性（本性）を観じることは同じであると述べた。

もう一つ、言葉の同異に言及した詩があるので紹介しておく。

郷貢進士崔謩《さいぼ》

一葉東自《よ》り来るに、路は滄溟の中に在り。遠く日辺の国を思い、却って波上の風を逐《お》う。

法を問うに言語異なれども、経を伝うるに文字同じ。何《いず》れか当《まさ》に本処に至って、定めて玄門の宗と作《な》るべし。

一葉来自東、路在滄溟中。遠思日辺国、却逐波上風。
問法言語異、伝経文字同。何当至本処、定作玄門宗。

遣唐使船は杯やこの詩のように一葉に喩えられる。郷貢進士（州県の選抜で進士に登第した者）崔謩は、法を問う言語は異なるが、経典を伝える文字は同じであることを述べた。道邃による惜別の文書は、「伝菩薩戒道邃和上の書一首」として『顕戒論縁起』に見られる。

伝菩薩戒道邃和上の書一首

乍《たちま》ち別れて悵《うら》みを増す。春憶う数行。知らず、平善に船所に達するや否やを。過去の伝法の菩薩は、備《つぶさ》に艱辛を受く。今日の弘揚、寧《いずく》んぞ労虚無からんや。邃は、日に衰老に向かう。諸々皆未だ能くせず。色・心倶に頽《くず》れ、刀風遠きに非ず。浮雲・水月を観じて、以て余生を遣《や》るのみ。化は滄海を隔て、相見ること杳然《ようぜん》たり。各々伝持して共に仏慧を期せんことを願うなり。旃《これ》を勉めよ。先に進みて使を奉じて向かい来る。何れか当に定めて信を発して遠く相い報ずべき。然投施往*に因って、略《ほぼ》数字を附す。
伝菩薩戒師天台の沙門道邃、日本国最澄三蔵の処に告ぐ。
　義真行者、意は前に殊ならず。各各相共に宗教を弘揚せよ。

三月二十一日 後宮

＊然投施往（ねんとうせおう）…意味が通らないので、誤字があることが疑われている。

道邃が、明州に向かう最澄一行との別れを綴った、貞元二十一年（八〇五）三月二十一日付の手記である。三月二日に菩薩戒を授けてから、約三週間経っていた。最澄に宛てた文書であるが、義真にも意を伝えている。老齢の道邃が春の日に、別れを惜しむ情が切実に伝わってくる。

ここで台州における将来目録である『台州録』に触れておく。『台州録』を書き上げたのは、貞元二十一年二月十九日である。その日付の後には最澄以下四人の名前が列記され、続けて台州の刺史陸淳の文章が載せられている。

大唐貞元弐拾壱年歳《ほし》乙酉に次《やど》る弐月朔《ついたち》辛丑、拾玖《じゅうく》日乙未《己カ》

日本国比叡山寺求法僧　最澄録す

日本国求法訳語僧　義真

日本国求法傔従　丹福成

勾当大唐天台山円宗座主　西京和尚道邃

最澄闍梨、形は異域なりと雖も、性は実に源を同じうす。特に生知を稟《う》け、類に触れて懸《はる》かに解す。遠く天（台）の妙旨を求め、又、龍象邃公に遇い、万行を一心に総《す》べ、殊途を三観に了す。親しく秘密を承け、理は名言を絶す。猶、他方の学徒が、信受すること能わざるを慮《おもんぱか》る。請う処の当州の印記、安《いずく》んぞ憑《たのみ》と為すに任《まか》せざる可けん。

大唐貞元二十一年二月二十日、朝議（大夫使）持節台州諸軍事守台州刺史上柱国（陸）淳給〔書〕す

この中、陸淳による「最澄闍梨」以下の箇所は、『顕戒論縁起』の「台州目録幷びに陸淳の詞」にも見られる。ここでは、道邃のもとで天台の一心三観を伝授されたことを「万行を一心に総《す》べ、殊途を三観に了す。」と述べている。この陸淳の詞は、『宋高僧伝』巻二九の唐天台山国清寺道邃伝や『仏祖統紀』巻八の興道尊者道邃の伝記で活用されている。

『台州録』の冒頭には百二部二百四十巻であると記されている。しかし、奥書では百二十部三百四十五巻とあり、二種類の数え方が示されているようであるが、それらは必ずしも厳密なものではない。因みに、台州の次に向かった越州での求法に基づく『越州録』では、台州での求得法門を「都合一百二十八部三百四十五巻」と記している。

越州での密教受法

『叡山大師伝』では、四月上旬に明州に戻った最澄が、更に、越州に向かったことについては、簡潔に、「又、大唐の貞元二十一年四月上旬、船所に来り到る。更に真言を求めんが為に、越府の龍興寺に向《おもむ》き、幸いに泰岳霊巌山寺鎮国道場の大徳内供奉沙門順暁に値遇することを得たり。暁は信心の願を感じて、灌頂伝受せり。三部三昧耶《さまや》の図様・契印《げいいん》・法文・道具等の目録は別の如し。」と述べている。

要するに真言密教を学ぶために越州の龍興寺に赴き、幸運にも順暁阿闍梨と出会い、三部三昧耶の法門を伝授されたということである。そもそも、最澄の入唐求法は天台法門の修学にあり、密教は前提になかった。勿論、最澄は密教に興味を持っていた可能性はあるので、順暁（生没年不詳）の存在を耳にした時には、積極的に受法を願ったかもしれない。

しかしながら、順暁との出会いは偶然と言うべきものであった。

『顕戒論縁起』所収の「明州牒」は次のようなものである。

大唐明州より越府に向かう牒一首

明州　牒す

日本国求法の僧最澄の状に準ずるに、偁《いわ》く、「今、巡礼して法を求め、越州の龍興寺、并びに法華寺等に往かんと欲す。求法の僧最澄　義真　行者丹福成　経生真立人」と。牒す。日本国求法僧最澄の状を得るに、偁く、「台州に往きて求める所の目録の外、欠くる所の一百七十余巻の経、并びに疏等、其の本、今見《げん》に具足して越州龍興寺、并びに法華寺に在り。最澄等、自ら諸寺に往きて写し取ることを得んと欲す。伏して公験の処分を乞う。」と。者《て》えれば、使君判付し、司は住去の牒を知す。仍て状を具して牒上す。使者判に準ぜよ、と。者えれば、謹んで牒す。

貞元二十一年四月六日　史孫階牒す

司戸参軍孫万宝

この四月六日付「明州牒」では、「偁く」以下の、括弧で示した二箇所が最澄の発言である。最澄は、越州の龍興寺と法華寺に行く理由として、台州で入手できなかった百七十巻の経・疏を求めることを掲げているのであり、密教の求法については触れていない。その百七十巻の文献については詳らかにすることはできず、また、『越州録』の最初に越府で取得した念誦法門を含む書籍を「都合一百二部一百一十五巻」と記していることとの関わりも不明である。

最澄に密教の伝授を薦めたのは、最澄が『顕戒論』巻上に、「又、明州刺史鄭審則は、更に越州に遂《すす》めて、灌頂を受けしむ。幸いに泰岳霊厳《巌カ》寺順暁和上に遇う。和上は、鏡湖の東岳、峰山道場に、両部の灌頂を授け、種種の道具を与う。受法已に畢り、船所に還帰す。」と記すように、明州の刺史鄭審則であった。なお、この『顕戒論』では、最澄が胎蔵界と金剛界の両部灌頂を受けたとしているが、最澄が順暁から受けた時点では、そのような認識はなかったと考えられる。順暁から受けた密教は、独特のものであり、それ自体が密教としては不十分であるし、最澄の密教についての知識も帰国後に深まっていくからである。

とは言え、最澄の受法は天台密教、いわゆる台密の出発点となる。それは四月十八日のことであった。その順暁からの付法の前である、「十八日暁」と記す「大唐越州龍興寺寂照闍梨の書一首」が『顕戒論縁起』に収められる。この寂照の書では、最澄が順暁からの伝法を受ける前に、密教法具である「六事《ろくじ》の宝器」を購入しようとしたものの、間に合わなかったことが記されている。それは唐国の珍奇であって卒爾に入手できるものではなく、「若し日本の大徳の意に非ざれば、亦、他に贖《あがな》い与えず。」というものであった。この文書は金銭の算定等にも言及し、十分には分からないところもあるが、衰疾であった寂照が記した貴重な書であることは確かである。なお、「六事の宝器」は後に入手できたと考えられ、『顕戒論縁起』では『越州録』より詳細に入手した法具を列記している。

灌頂道具白銅の五鈷抜折羅《ばさら》壱口
灌頂道具白銅の五鈷金剛鈴壱口
灌頂道具白銅の金剛輪弐口
灌頂道具白銅の羯摩《かつま》抜折羅弐口
灌頂伝法阿闍梨順暁和上の付法印信、灌頂道具白銅の三昧耶《さまや》抜折羅壱口

つまり、五鈷杵一口、五鈷の金剛鈴一口、金剛輪二口、羯磨杵二口で合計六になる。最後に見られるのは、これから述べる順暁から授与された付法印信と三鈷杵である。

さて、いよいよ四月十八日の伝法である。『顕戒論縁起』では「大唐泰岳霊巌寺順暁阿

闍梨の付法文一首」として十八日の印信と十九日の付法文を一つにしているが、ここでは二つに分ける。

毘盧遮那如来三十七尊曼荼羅所
阿《あ》鑁《ばん》藍《らん》吽《かん》欠《けん》　上《じょう》品《ぼん》悉《しつ》地《じ》
阿《あ》尾《び》羅《ら》吽《うん》欠《けん》　中《ちゅう》品《ぼん》悉《しつ》地《じ》
阿《あ》羅《ら》波《は》者《しゃ》那《な》　下《げ》品《ぼん》悉《しつ》地《じ》

灌頂伝授三部三昧耶阿闍梨沙門順暁、図様契印《げいいん》の法。大唐貞元二十一年四月十八日、泰岳霊巌寺鎮国道場の大徳、内供奉沙門順暁は、越府の峰山頂道場に於いて、三部三昧耶を付し、弟子最澄に牒す。

大唐国開元の朝、大三蔵婆羅門国の王子、法号善無畏《ぜんむい》は、仏国の大那蘭陀寺従り大法輪を転じ、大唐国に至りて、転じて伝法の弟子僧義林に付嘱《ふぞく》す。亦、是の国師大阿闍梨は一百三歳なり。今、新羅国に在って大法輪を転ず。又、唐の弟子僧順暁に付す。是れ鎮国道場の大徳阿闍梨なり。又、日本国の弟子僧最澄に付して大法輪を転ぜしむ。僧最澄は是れ第四の付嘱伝授なり。唐の貞元二十一年四月十九日書記す。仏法をして永永に絶えざらしむ。阿闍梨沙門順暁、録して最澄に付す。

泰岳（泰山のこと）霊巌寺の僧侶である順暁が、越州に来ていたのである。順暁は峰山頂道場において、最澄に三部三昧耶の付法を行った。そして、付法文では、善無畏―義林―順暁―最澄という相承を示し、最澄が第四の付嘱伝授であることを記している。

なお、峰山頂道場については、他の文献では峰山道場であり、前記したように『顕戒論』では「鏡湖の東岳、峰山道場」となっている。

また、最澄の真跡が現存する『越州録』では次のように記されている。

越府の龍興寺に向《おもむ》き、順暁和上の所に詣る。即ち最澄、并びに義真は、和尚を逐《お》って湖鏡の東、峰山道場に到る。和上は両僧を導きて道場を治《じ》し、五部灌頂蔓荼羅壇場に引入して、現に真言法を授くることを蒙り、又、真言水を灌頂せらる。

ここでも峰山道場になっている。但し、「鏡湖東」でなく「湖鏡東」とあり誤記かもしれない。また、ここでは最澄のみならず、義真の名前も挙がっているように、順暁は二人に授けたのである。因みに、峰山道場の位置（上虞県）は現在確定されている。

それでは、順暁が授けた密教とは、具体的にはどのようなものであったのであろうか。伝法の場所について、『越州録』では「五部灌頂蔓荼羅壇場」と記し、印信では「毘盧遮那如来三十七尊曼荼羅所」であったとする。

最澄が入唐した当時、長安では『大日経』に基づく胎蔵界と『金剛頂経』に基づく金剛界の両部密教が伝授されていたのであり、空海はその両方を一具のものとして伝授される。しかしながら、最澄の密教はそのようなものではなく、素朴な内容であったと考えられる。「五部灌頂蔓荼羅壇場」とは胎蔵界が仏部・蓮華部・金剛部の三部であるのに対し、仏部・金剛部・宝部・蓮華部・羯磨部という五部を立てる金剛界の道場を想定するのが自然である。「毘盧遮那如来三十七尊曼荼羅所」というのも、三十七尊が金剛界の諸尊であることからも、最澄の受法の道場は金剛界の道場であったのである。

なお、この三十七尊曼荼羅は以前は壁に掛ける懸《かけ》曼荼羅と看做されていたが、最近は敷《しき》曼荼羅と考えられている。しかも、かつて日本の青蓮院にあり、現在はニューヨークのメトロポリタン美術館に保管されている金剛界曼荼羅諸尊図像が、最澄の将来した図像を写したものであり、しかも敷曼荼羅を描くための尊容であることも論じられている。『越州録』には「三十七尊様一巻」が録されているのである。

最澄が授けられた密教は、三部三昧耶とされ、印信に示されるように、阿鑁藍吽欠（上

金剛界曼荼羅諸尊図様（部分）　最上段中央は阿閦《あしゆく》如来
（アメリカ・メトロポリタン美術館蔵）

品悉地）・阿尾羅吽欠（中品悉地）・阿羅波者那（下品悉地）という三種の真言であった。なぜこの三種が抽出され、それらが上品・中品・下品の悉地に当て嵌められるのか明瞭ではない。最初の阿鑁藍吽欠は『大日経』巻七に「阿・鑁・囕・唅・佉」と見られ、二つ目は『大日経』巻三に「阿味囉吽欠」と見られる。そして、三つ目は金剛智（六七一～七四一）訳『金剛頂経曼殊室利菩薩五字心陀羅尼品』や不空（七〇五～七七四）訳『五字陀羅尼頌』では「阿囉跛者娜」、その他、『金剛頂経瑜伽文殊師利菩薩供養儀軌』など、不空訳の文殊師利儀軌では「阿囉跛左曩」、「阿囉跛者曩」のように表記されている。敢えて言えば、胎蔵界と金剛界が混在していることになる。

この順暁から最澄への付法は、最澄にとって極めて重要な受法であった。それは帰国後の活動にも顕著であり、また、最澄以降にも相承されていくことになるからである。そのような中、三真言を並記する根拠は問題にされたようであり、安然（八四一～八八九～、一説九一五没）は『金剛界大法対受記』巻七や『胎蔵界大法対受記』巻五で、『顕戒論縁起』に言及しながらその問題に言及している。

安然に至って、『尊勝破地獄陀羅尼儀軌』（『尊勝破地獄法』『尊勝破地獄軌』）という儀軌が出現し、その儀軌には三種の真言が載っていると言うのである。それに該当する儀軌は善無畏（六三七～七三五）訳と伝承される三種の儀軌であり、それぞれ『三種悉地破地獄転業障出三界秘密陀羅尼法』『仏頂尊勝心破地獄転業障出三界秘密三身仏果三種悉地真言儀軌』『仏頂尊勝心破地獄転業障出三界秘密陀羅尼』という名称である。これらの三書を総称して、『三種悉地破地獄儀軌』と言うが、いずれも三種の真言を上中下の三品に配するものであり、安然はそれらの中の一つを見ていたと推察される。その成立については、中国成立説もあるが、或いは最澄の伝法に触発されて日本で作成された可能性もあり、今は立ち入らない。

雑密の伝承と帰国

最澄の密教相承には、いわゆる雑密《ぞうみつ》に分類されるものがある。『内証仏法相承血脈譜』に載せる五種の師師相承血脈譜の中、「雑曼荼羅相承師師血脈譜」がそれに当たり、最澄自身の表記によれば雑曼荼羅の相承となっている。

そこには寿州草堂寺の比丘大素から冥道無遮斎法の抄本（『越州録』では一巻）と五仏頂法、明州の檀那行者江秘から普集壇と如意輪壇等、明州開元寺西廂法華院の霊光から軍荼利菩薩壇法と契像等を伝授されたことが記されている。これらの付法は全て、貞元二十一年（八〇五）五月五日となっている。そのことについての幾つかの解釈がなされているが、明州で同日に伝授された可能性は否定できないので、そのままにしておく。『内証仏法相承血脈譜』に見られるもう一つの雑曼荼羅相承は、前に記したように、前年十月に国清寺の惟象から受けた大仏頂大契曼荼羅の行事である。

五月十三日、最澄は『越州録』を完成した。本書には台州と越州で手に入れた書目が合計二百三十部四百六十巻であることを記している。そして、後書きに続けて、明州の刺史鄭審則の印信を載せている。それは五月十五日付であり、その文書で鄭審則は、最澄を「最澄闍梨、性、生知の才を稟け、来たること礼義の国自《よ》りす。万里に法を求め、険を視ること夷の若し。難労を憚らず、神力保護す。南には天台の嶺に登り、西には鏡湖の水に泛《うか》び、智者の法門を窮め、灌頂の神秘を探る。謂《い》いつ可し、法門の龍象なり、青蓮池を出ず、と。」と讃嘆した。ここでは、最澄が天台山で天台智者大師の法門を窮め、鏡湖の東にあった峰山道場で灌頂を受けたことの両方を並べている。

『日本後紀』によれば、延暦二十四年（八〇五）五月十八日に日本に向かって明州を出発し、六月五日に対馬嶋《つしまじま》（長崎県）下県《しもあがた》郡阿礼村に到着した。その後、同船は長門国《ながと》（山口県）に向かったのであり、『叡山大師伝』では、「五月中旬に、第一船に上り、三宝の護念、神祇の冥護を蒙って、海中恙《つつが》無く長門国に著《つ》く。即便《すなわ》ち上京し、将来する所の天台の法門、并びに真言の法門の道具等を、内裏に奉進す。」と、無事に長門国に帰着したこ

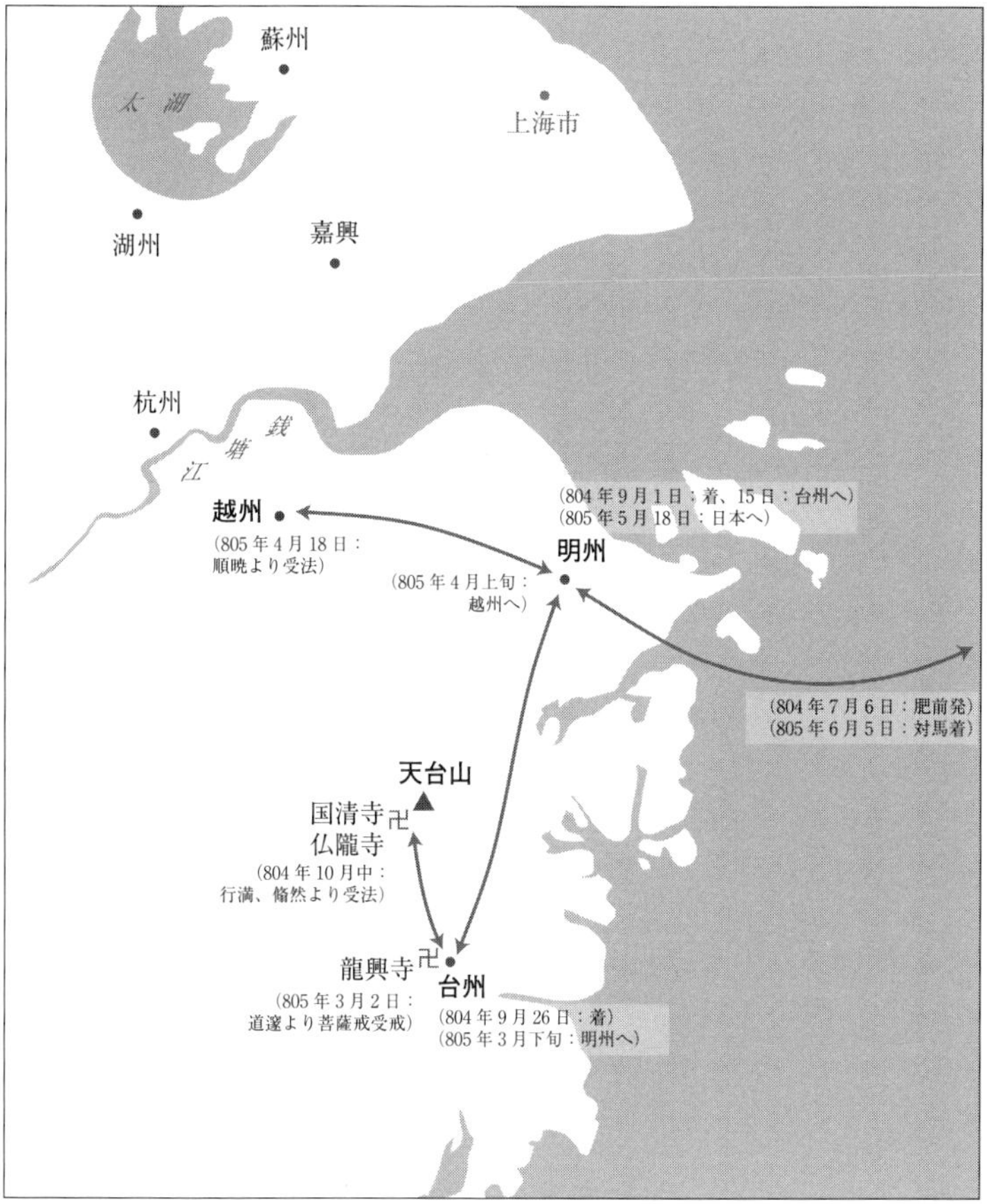

蘇州
太湖
上海市
湖州
嘉興
杭州
銭
塘
江
(804年9月1日：着、15日：台州へ)
(805年5月18日：日本へ)
越州
(805年4月18日：
順暁より受法)
明州
(805年4月上旬：
越州へ)
(804年7月6日：肥前発)
(805年6月5日：対馬着)
天台山
国清寺
仏隴寺
(804年10月中：
行満、翛然より受法)
龍興寺
台州
(805年3月2日：
道邃より菩薩戒受戒)
(804年9月26日：着)
(805年3月下旬：明州へ)

最澄入唐行程略図

とを記し、併せて、直ちに入京したことを書いている。最澄が乗船したのが第一船であり、到着後すぐに朝廷に赴いたことは、最澄自らが『顕戒論』巻上に、「受法已に畢って、船所に還帰す。大使は処分して、第一船に乗らしむ。遂に藤纜《とうらん》を望海に解き、布帆を西風に上ぐ。鷁旗《げきき》東流し、龍船岸に著く。法宝を頂戴し、金闕《きんけつ》に復命す。」と述べていることからも知られる。最澄は往路は第二船であったが、帰路は遣唐大使藤原葛野麻呂と同じ第一船で、明州の望海鎮から出帆したのである。

帰朝復命と伝法

『叡山大師伝』には延暦二十四年（八〇五）八月二十七日の上表文を載せるが、同じ文書が『顕戒論縁起』では「経疏等を進むる表」として収められ、七月十五日になっているので、それが定説になっている。進官録、或いは進官表とも言われるその文書では、随他意の権《ごん》教である三乗の教えと、随自意の実教である一乗教を比較して、一乗教である天台円教（天台の完全なる教え）を宣揚する。

然れば則ち円教は説き難く、其の義を演ぶる者は天台なり。妙法は伝え難く、其の道を暢《の》ぶる者は聖帝なり。伏して惟《おもんみ》れば、陛下、霊を纂《あつ》めて震より出で、運を撫して極に登る。北蕃来朝して、賀正を毎年に請う。東夷北首して、帰徳を先年に知る。是に於いて、想いを円宗に属して、緬《はる》かに一乗を懐《おも》う。妙法を紹宣して、以て大訓と為す。是に由って、妙円の極教は、聖機に応じて興顕す。灌頂の秘法は、皇縁を感じて円（満）なり。最澄は使を奉じて法を求め、遠く霊蹤を尋ねて、往きて台嶺に登り、躬《みずか》ら教迹を写す。獲る所の経、幷びに疏及び記等、総て二百三十部四百六十巻なり。且つ見《げん》に進むる経一十巻、名づけて金字の妙法蓮華経七巻・金字の金剛般若経一巻・金字の菩薩戒経一巻・金字の観無量寿経一巻と曰う。及び、天台智者大師の霊応（図）一張・天台大師の禅鎮一頭・天台山香炉（峰）の神が送れる檉《かわやなぎ》及び柏《かしわ》の木の文尺四枚・説法白角の如意一なり。謹んで弟子の経蔵をして奉進せしむ。但、聖鑑もて、二門の円満を照明せられよ。誠懇の至りに任えず。表を奉り戦慄す。謹んで言す。

天台教学に基づく法華一乗思想は、最澄にとって思想上の根幹である。この文書では、そのことを桓武天皇に伝えている。そして、それに併せて「灌頂秘法」を伝授されたことも述べた上で、合計二百三十部四百六十巻の文献を将来したことを報告している。最澄にとって、密教を伝えることができたことは大きな出来事であったのである。

この上表文で分かることは、最澄が弟子の経蔵を差し向けて、この文書と共に、金字『妙法蓮華経』七巻・金字『金剛般若経』一巻・金字『菩薩戒経』一巻・金字『観無量寿経』一巻という合計十巻の金字経典と、最澄が台州で入手した天台智者大師の霊応（図）一張・天台大師の禅鎮一頭・天台山香炉（峰）の神が送れる樫及び柏の木の文尺四枚・説法白角の如意一を進上したことである。『台州録』では「天台智者大師霊応図一張」は他の書目に並べられているが、その他のものは、「別物　合せて三種」と、別物として扱い、「禅鎮一頭」、「説法白角如意壱抦《柄カ》」、「天台山香炉峰樫柏木幷樫木文尺四枚」を三種として並記している。

その結果、桓武天皇は和気弘世に勅を下して、最澄が将来した天台法門を天下に流布させ、また、僧侶たちに習学させるため、七通を書写させて七大寺に置くことを述べた。その用紙として、宮中の上紙を提供し図《ず》書寮《しょりょう》に申しつけて書写せしめたと言う。また、道証・守尊・修円・勤操《ごんそう》・慈蘊・慈完という六法師に詔して、野寺（常住寺）の天台院で、それらの新しく写した天台法文を閲覧させ学ばせた。このことは、後で言及する同年九月十六日付の公験で、『法華』『維摩』等の経疏七通を書写させ、三論・法相の聡明な学生六人に講論させたとあることと符合すると考えられる。前述のように、道証（七五六〜八一六）と修円（七七一〜八三五）は法相宗、勤操（七五八〜八二七）は三論宗の学匠である。

実は桓武天皇は翌年（八〇六）の三月に生涯を閉じるのであり、その一年以上前から体調を崩していた。最澄は、八月九日に殿上で悔過読経を行っている。最澄が、高雄山寺で本邦初の灌頂を修したのは、九月七日であり、それは桓武天皇の要請であった。

そこで、その灌頂について、準備の段階から順に辿っていくことにしたい。

『叡山大師伝』では、先程の天台法文についての記事に続いて、和気弘世に対する桓武天皇の勅が記されている。

真言の秘教等、未だ此の土に伝うることを得ず。然るに最澄闍梨、幸いに此の道を得、良《まこと》に国師為《た》り。宜く諸寺の智・行兼備の者を抜きて、灌頂三昧耶《さまや》を受けしむべし。

まだ日本に伝わっていなかった真言の秘教を伝えた最澄に、灌頂を修せしめることが要請された。その対象は、諸寺の智・行兼備の者であると言う。そこで、高雄山寺に法壇を建立することになり、技量の高い画工二十余人を勅によって招請し、毘盧遮那仏像一幅、大曼荼羅一幅、宝蓋一幅を図絵し、また、仏・菩薩・神王像、幡《はた》五十余旒《る》を縫造した等のことが記されている。

ここで一つ問題となるのは、毘盧遮那仏像一幅である。『叡山大師伝』の記述が正しければ、最澄が毘盧遮那仏（大日如来）の図像を将来したことになる。最澄が将来した曼荼羅は、金剛界の三十七尊曼荼羅のみであったことは疑いがなく、毘盧遮那を描くとしたらその中心の仏を抽出したもの、つまり金剛界の智拳印を結ぶ大日如来であったかもしれない。というのは、最澄が毘盧遮那仏像を将来したという根拠が見出されないからである。順暁からの印信には「毘盧遮那如来三十七尊曼荼羅所」とあったが、これは「金剛界の毘盧遮那如来を中心とする三十七尊曼荼羅」と考えるのが自然であり、しかも敷曼荼羅であった可能性が高いことは前記した通りである。ともかく最澄にとって、空海に会う以前は、曼荼羅は一種類のみであり、それが大曼荼羅一幅であると考えられる。

そして、最澄が必要とするものは、国内にないものは除き、悉く揃えるよう勅が出され、更に諸寺の大徳として、道証・修円・勤操・正能・正秀・広円らが選ばれた。『叡山大師伝』には続けて、「忽ち内侍《ないし》の宣を被り、各々師を尊ぶの法を竭《つ》くして、金剛の宝戒を受け、灌頂の真位に登れり。」と見られ、あたかも既に灌頂が終わったような筆致になっている。しかも、金剛の宝戒が灌頂の前に授けられたことになっているので、これを三昧耶戒と解説する場合もある。しかし、最澄が具備した密教を受けて来たわけでもなく、三昧耶戒についての記述は順暁との関係では見られない。伝記作者の潤色か、台州で道邃から受けた菩薩戒を授けたか、不明と言うよりない。

『叡山大師伝』では、その後、八月二十七日の内侍宣が掲げられる。『顕戒論縁起』では、「大日本国初めて灌頂道場を建て、受法の弟子を定むる内侍宣一首」と題する文書である。その中には次のように見られる。

> 方《まさ》に今、最澄闍梨、遠く溟波を渉って、無畏の貽訓を受け、近く無常を畏れ、此の法の伝有らんことを冀《こいねが》う。然るに石川・檉生《むろお》の二禅師は、宿《つと》に芳縁を結び、朕が躬《み》を守護す。此の二賢を憑《たの》みて、仏法を昌んにせんと欲す。宜く朕が躬に相代わって、尊を屈し躬を捐《す》て、弟子等を率いて、経教を尋検し、此の法を受伝し、以て国家を守護し、衆生を利楽すべし。世間の誹謗を憚る可からず。自余の諸衆は、唯、其の進むを取り、其の退くを遮《しゃ》すること勿れ。者《て》えれば、乞う、此の趣を照察して、進・退二衆の暦名を簡び定め、各々其の署を加えしめ、使に附して進上せんことを。謹んで勅す。造宮少進阿保広成敬って和南す。

『顕戒論縁起』では「無畏の貽訓を受け」の箇所が「不空の貽訓を受け」になっている。『顕戒論縁起』は最澄自身の編纂であるので、何らかの意図があったのかもしれないが、越州の付法文に書かれていたのは、不空ではなく善無畏であり、本来の記載としては『叡山大師伝』のまま「無畏の貽訓を受け」でよいであろう。ここで桓武天皇は、信任していた石川と檉生の二禅師に、最澄からの伝法を要求している。石川と檉生の二師については、光意と円澄とする見解（『天台霞標』）もあるが、前に記されていた六名の中の勤操と修円と考説されている。この二人に対して「尊を屈して躬（軀）を捐てる」ように告げ、「世間の誹謗を憚る可からず」とまで述べた上で、更に、受けることを望まないものはそれでよいとしていることは、新たな仏教を導入することに関わる周囲の様子を反映しているのであろう。

次に注目すべきは、後で引用する九月十六日付の「唐に向かって法を求むる最澄に賜う伝法の公験」の中に、九月一日のことが次のように見られることである。

又、同年九月一日を以て、勅有って、清滝の峰の高雄山寺に於いて、毘盧遮那都会《とえ》の大壇を造り、三部三昧耶の妙法を伝受《イ授》せしむ。灌頂に預かる者、総て八人有り。

ここに記される九月一日は勅のあった日付であり、実修は七日であった。ともかくここでも、「毘盧遮那都会大壇」とのみ記され、毘盧遮那を中心に描いた三十七尊の曼荼羅が一幅であったことが推察されよう。九月七日の伝法については、『顕戒論縁起』所収の、やはり九月十六日付である広円宛「三部三昧耶を伝うる公験」の中に次のように録されている。

延暦二十四年歳《ほし》乙酉に次《やど》る九月七日、勅有って、清滝の峰の高雄道場に於いて、都会の大壇を起こし、最澄阿闍梨に命じて、大安寺の僧広円に伝授せしむ。灌頂に預かる者、総じて八人有り。是れ皆第五の付属なり。今、右大臣の宣を被るに、偁く、勅を奉じて、受法の僧等は、宜く所司をして、各々公験を与え、弥々勤め精進して、仏法を興隆し、国家を擁護して、群生《ぐんじょう》を利楽せしむべし、と。者《て》えれば、省、宣旨に依って、天竺・大唐、及び聖朝伝授の次第を連ね、奉行すること右の如し。

延暦二十四年九月十六日

広円ら、八人が最澄から灌頂を伝授され、第五の付属となったことを証明する文書である。このことについて、『叡山大師伝』では、「九月十六日、勅有って、灌頂を受けし者、諸寺の大徳八人に、所司をして各々公験を与え、弥々勤め精進して、仏法を興隆せしむ。」と簡単に記している。なお、八人については、既に名前が出ていた道証・修円・勤操・正能・正秀・広円という六名と、もう一人最澄の弟子である円澄が推定されている。円澄については、『続日本後紀』（天長十年〈八三三〉十月二十日条）の円澄卒伝に基づく。
ここで九月十六日に発給された「唐に向かって法を求むる最澄に賜う伝法の公験《くげん》」を『叡山大師伝』によって見ておく。治部省が勅旨に依って、最澄に与えた公験である。

国昌寺の僧最澄は、平安の東岳比叡峰に住して、精進練行すること十有五年、念誦の秘法を捜り、天台の高蹤を慕う。延暦二十三年歳甲申に在る四月、詔を奉じて海を渡り道を求め、台州の国清寺に詣《いた》り、智者大師第七の弟子道邃和尚の所にて、天台の法門二百余巻を求め得たり。還《ま》た越府の龍興寺に於いて、天竺の無畏三蔵第三の弟子、鎮国道場大徳内供奉順暁和尚に遇って、灌頂壇に入り、三部悉地の法を受け、幷びに陀羅尼の法門三十余巻、種種曼荼羅の図様十有余基、念誦の供具等を得たり。台州の刺史陸淳、明州の刺史鄭審則の印署を取り、二十四年歳乙酉に在る六月を以て、還り来り復命す。即ち有司に詔して、法華・維摩等の経疏七通を写さしめ、三論・法相の学に聡悟なる者六人を選び、更《こもご》も相講論せしむ。又、同年九月一日を以て、勅有って、清滝の峰の高雄山寺に於いて、毘盧遮那都会の大壇を造り、三部三昧耶の妙法を伝受《イ授》せしむ。灌頂に預かる者、総て八人有り。苦行の力もて、志を果たして早く帰る。聖徳の感ずる所、遂に此の道を弘む。今、右大臣の宣を被るに偁《いわ》く、勅を奉ずるに、入唐受法の僧二人、宜く所司をして、各々公験を与え、弥々勤め精進して、仏法を興隆し、国家を擁護して、群生を利楽せしむべし、と。者《て》えれば、省、宜旨に依って奉行すること右の如し。

延暦二十四年（八〇五）には最澄は四十歳であった。ここに記される内容は、近江国国昌寺の僧である最澄が比叡山で修行していたことに触れ、その後は入唐による成果と帰国直後の活動である。それは、ここまで解説して来たことが骨子となっている。ともかく、最澄が期待されたのは、天台法門より密教にあったことが窺われるのであり、灌頂の実修が望まれたのである。それは、桓武天皇の体調とも関わるものであった。この中に、九月一日に勅があったことが記されていることは、前に見た通りである。ここで留意すべきことは、『叡山大師伝』には、九月七日という日にちが明示されていないことである。なお、『顕戒論縁起』所収の同文書では、順暁への流れを「天竺無畏三蔵」からではなく、「天竺不空三蔵」としているが、このことについても、前記の通り、『顕戒論縁起』を編纂している時の事情を勘案する必要があるかもしれない。

『叡山大師伝』には、もう一つの灌頂、すなわち五仏頂法についての記載がある。それは、実は右の公験の前に記されている。

又、九月上旬に臣弘世は、勅を奉《う》く。最澄闍梨をして、朕が為に重ねて灌頂の秘法を修行せしめよ、と。即ち勅旨に依り、城の西郊に於いて、好地を択び求め、壇場を建て創《はじ》む。又、画工十余人を召して、敬《つつし》んで五仏頂浄土一幅、大曼荼羅一幅を図せしむ。勅使石川朝臣川主は、諸事を検校《けんぎょう》す。先自り灌頂を受けし弟子の八大徳の外に、更に豊安・霊福・泰命等の大徳を加う。灌頂既に訖《おわ》る。

ここには、先の灌頂とは別に、最澄に重ねての灌頂秘法を修するよう和気弘世が勅を受けたことが記されている。高雄山寺の三部三昧耶（三部悉地）の伝法が九月七日であるので、それ以降のことになるが、日時は不明である。描かれたのが大曼荼羅だけでなく、五仏頂浄土とあることから、最澄が明州で同年五月に大素から受けた五仏頂法であると推察されている。場所は野寺（常住寺）の西郊（『伝述一心戒文』巻下では「野寺の西野」）であり、受けた者は前の八人と豊安・霊福・泰命であった。最澄自らが『顕戒論』巻上に記すところに依れば、主上（桓武天皇）の要請により、仏頂壇を建てて十律師に灌頂を受けさせたということである。

その他、最澄は『日本後紀』によれば、九月十七日にも宮中で毘盧遮那法を行ったという。

天台宗独立

最澄は、延暦二十五年（八〇六）正月三日に、天台法華宗に年分度者を賜るべく、上表文を提出した。それは、南都六宗のうち、三論宗と法相宗のみとなっている現実を憂えるものであった。しかも、その両宗の中、盛んなのは法相宗であった。最澄の上表文は、『叡山大師伝』では、「諸宗の業を勧め、普く大小の教を続《つ》がしめ、更に天台法華宗を加えんが為に、二十五年正月三日の上表に云く」、『顕戒論縁起』では、「新法華宗を加えんことを請う表一首」であるが、親筆が現存する『天台法華宗年分縁起』では「将に絶えんとする諸宗を続ぎ、更に法華宗を加えんことを請う表一首」となっている。

将に絶えんとする諸宗を続ぎ、更に法華宗を加えんことを請う表一首

沙門最澄言す。最澄聞く、一目の羅は、鳥を得ること能わず、と。一両の宗、何ぞ普く汲むに足らん。徒《いたずら》に諸宗の名のみ有って、忽ちに伝業の人を絶つ。誠に願わくは、十二律呂に準じて、年分度者の数を定め、六波羅蜜に法《のっと》り、授業諸宗の員を分かち、両曜の明に則《のっと》って、宗別に二人を度せん。華厳宗に二人、天台法華宗に二人、律宗に

二人、三論宗に三人、小乗成実宗を加えん、法相宗に三人、小乗倶舎宗を加えん。然れば則ち、陛下法施の徳は、独り古今に秀で、群生法財の用は、永く塵劫に足りなん。区区の至りに任《た》えず。謹んで表を奉り以て聞《もう》す。軽々しく威厳を犯す。伏して深く戦越す。謹んで言《もう》す。

延暦二十五年正月三日　沙門最澄表を上る

「将に絶えんとする諸宗を続《つ》ぎ、更に法華宗を加えんことを請う表」というのは、まさに絶えてしまいそうな諸宗を継続させ、更に新しく法華宗を加えてほしいと願う上表文である。「一目の羅は、鳥を得ることができない」というのは、『淮南子』説山訓に基づく言葉であるが、最澄は直接に『淮南子』に依拠したのではなく、智顗の文章に注目した。つまり、『摩訶止観』巻五上に、「一目の羅は鳥を得ること能わざるも、鳥を得るは羅の一目なるのみ。」と見られることを活用して、諸宗の必要性を主張したのである。

ここに見られる南都の諸宗は、いわゆる南都六宗であるが、それらに配されるのは十人であり、華厳宗二人、律宗二人、三論宗は成実宗一人を加えて三人、法相宗は倶舎宗一人を加えて三人とする。その十人に天台法華宗二人を加えて合計十二人とする案を提出したのである。これらの中、成実宗と倶舎宗は寓宗と言われ、附随する宗と看做されている。

最澄の提案は勝虞らの僧綱による賛同を得るところとなり、正月二十六日に太政官符（「更に法華宗の年分二人を加え、諸宗の度者の数を定むる官符」）が出された。その太政官符の中には、各宗の学業が次のように示されている。

太政官符治部省
応に年料度者数、幷びに学業を分け定むべき事

華厳業二人　並びに五教・指帰・綱目を読ましむ。
天台業二人　一人は大毘盧遮那経を読ましむ。一人は摩訶止観を読ましむ。
律　業二人　並びに梵網経、若しは瑜伽声聞地を読ましむ。
三論業三人　二人は三論を読ましむ。一人は成実論を読ましむ。
法相業三人　二人は唯識論を読ましむ。一人は倶舎論を読ましむ。

華厳業の二人は法蔵（六四三～七一二）の『華厳五教章』『華厳経指帰』『華厳綱目』、天台業の二人は一人が『大毘盧遮那成仏神変加持経』（『大日経』）、一人が『摩訶止観』、律業の二人は『梵網経』、もしくは『瑜伽師地論』の声聞地、三論業の三人は二人が三論（『中論』『百論』『十二門論』）、一人が『成実論』、法相業の三人は二人が『成唯識論』、一

人が『倶舎論』といった経論章疏を読むことが規定されたのである。

天台宗は、この延暦二十五年正月二十六日を以て公認され、独立開宗した日と考えている。後に遮那業《しゃなごう》と止観業《しかんごう》と呼称される年分度者は、天台法華宗が密教をも一部門として二つの大きな柱を持ったことを意味する。

この両業は後で言及する弘仁九年（八一八）五月の「天台法華宗年分学生式」（「六条式」）では、第三条と第四条に、それぞれ、「凡そ止観業の者には、年年毎日、法華・金光・仁王・守護の諸大乗等、護国の衆経《しゅきょう》を長転《じょうてん》・長講《じょうごう》せしめん。」、「凡そ遮那業の者には、歳歳毎日、遮那・孔雀・不空・仏頂、諸真言等、護国の真言を長念せしめん。」と示されている。止観業では、『法華経』『金光明経』（『金光明最勝王経』）『仁王般若経』という護国三部経典と、どういうわけか『守護経』（『守護国界主陀羅尼経』という密教経典が配され、遮那業には、『大日経』（『大毘盧遮那成仏神変加持経』）『孔雀経』『不空羂索神変真言経』『仏頂尊勝陀羅尼経』が挙げられている。これらに共通するのは護国のためということであり、比叡山に住して十二年間を出ることなく修学することが規定されている。十二年間というのは『蘇悉地経』に基づいて設定されたものであり、『顕戒論』巻下には次のように記されている。

住山修学、十二年を期するの明拠を開示す　四十六

謹んで案ずるに、蘇悉地羯羅経中巻に云く、若し時念誦を作す者は、十二年を経《へ》ば、縦《たと》い重罪有れども、亦皆成就せん。仮使《たとい》、法が具足せざるも、皆、成就することを得ん、と。已上経文 明らかに知《し》んぬ、最下鈍の者も、十二年を経ば、必ず一験を得ることを。常転・常講、二六《にろく》歳を期し、念誦護摩、十二年に限る。然れば則ち、仏法に霊験有って、国家は安寧なることを得ん。

『蘇悉地経』は、円仁が胎蔵界と金剛界に蘇悉地部を加えた三部大法を伝承し、更に『蘇悉地経疏』を撰述したことにより、『大日経』と『金剛頂経』に並ぶ密教経典として扱われるようになる。しかし、最澄の時代にはそうではなかったのであり、最澄の『台州録』では大乗経律の扱いであり、また空海の『三学録』（『真言宗所学経律論目録』）では律部としている。

ともかく、最澄は十二年という期間に意義を見出し「修学」という語を用いながら、護国、或いは国家の安寧のために止観業は護国経典の長転・長講（常転・常講）、遮那業では真言の長念（念誦）や護摩を行うことを論じたのである。

ところで、先述した延暦二十五年正月二十六日の太政官符では、年分度者の人数と読ま

せる書目を示した後に、重要な内容が記されている。

そこでは得度する者に対して、「仍って須く各々本業の疏に依って、法華・金光明二部の漢音、及び訓を読ましむべし。経論の中、大義十条を問い、五以上に通ずる者は、乃ち得度を聴《ゆる》す。」と記し、それぞれ本業の疏釈に依って『法華経』と『金光明最勝王経』との二部の経典の漢音と訓を読ませた上で、経論の中から大義十条を問い、五条以上に通じていることを得度を許可する条件としている。但し、漢音については、「若し義を習うこと殊に高きもの有らば、漢音に限ること勿れ。」と述べるのであり、教義への習熟度が高ければ漢音に限らなくてもよいとする。得度後については、更に、「受戒の後、皆、先ず必ず二部の戒本を読誦せしめ、一巻の羯磨四分律鈔を諳案せしめて、更に十二条を試せよ。本業の十条、戒律の二条なり。七以上に通ずる者は、次《ついで》に依って立義・複講、及び諸国の講師に差任《しゃにん》せよ。本業に通ずと雖も、戒律を習わざる者は、任用を聴《ゆる》さざれ。」と見られるように、先ず二部の戒本を読誦せしめ、一巻の『羯磨四分律鈔』を諳案せしめると言う。そして、本業十条と、戒律二条の試問を行い、七条以上に通じていれば立義・複講、及び諸国の講師に任じられるとしている。

天台宗の年分度者

以上のように、延暦二十五年（八〇六）一月二十六日に発給された太政官符が持つ意義は極めて大きい。但し、天台宗の年分度者が最初に得度したのは、大同五年（八一〇）一月の宮中金光明会においてであった。その時には、大同二年（八〇七）から大同五年までの四年分八名が得度した。八名については「天台法華宗年分得度学生名帳」によって知ることができる。その文書は『顕戒論縁起』所収のものや最澄直筆のものが伝わっている。前者は弘仁七年（八一六）までの名簿であるが、後者はそれよりも詳細であり、弘仁八年から三年間についての追記もある。やや煩雑であるが、当時の様子が具体的に伝わってくるので、後者の記述を紹介することにしたい。

天台法華宗年分得度学生名帳
　大同二年自り弘仁九年に至るまで
合せて弐拾肆《し》口の中　住山一十口　相奪う　母を養う
　　　　　　　　　　　　縁に随う　死去一口
僧光戒　老母を養う　不住山　師主比叡山最澄　興福寺

僧光仁　巡遊修行す　不住山　師主比叡山最澄
僧光智　法相宗相奪う　師主を知らず　西大寺
僧光法　法相宗相奪う　師主を知らず　元興寺
已上四人は、大同二年　三年　四年　五年、合わせて四箇年、天台法華宗遮那経業の得度者なり
僧光忠　死去　弘仁六年夏
僧光定　住山　師主比叡山最澄
僧光善　法相宗相奪う　師主を知らず　西大寺
僧光秀　法相宗相奪　師主を知らず　興福寺
已上四人は、大同二年　三年　四年　五年、合わせて四箇年、天台法華宗摩訶止観業の得度者なり
僧徳善　住山　興福寺　遮那経業　師主律師修円
僧仁風　不住山　大安寺　止観業　師主律師永忠
已上二人は、弘仁二年の年分得度者なり
僧徳真　不住山　興福寺　遮那経業　師主比叡山最澄
僧徳円　住山　興福寺　止観業　師主大安寺伝灯満位僧円修

已上二人は、弘仁三年の年分得度者なり
僧円貞　不住山　興福寺　別勅法相宗相奪う
僧円正　住山　興福寺　止観業　師主比叡山最澄
已上二人は、弘仁四年の年分得度者なり
僧円修　不住山　興福寺　自ら高雄家に移る　遮那経業　師主比叡山最澄
僧円仁　住山　興福寺　止観業　師主比叡山最澄
已上二人は、弘仁五年の年分得度者なり
僧道慧　不住山　興福寺　遮那業　師主
一乗沙弥玄慧　住山　比叡山止観院　止観業　師主比叡山最澄
已上二人は、弘仁六年の年分得度者なり
僧正見　不住山　未だ寺に入るを知らず　別勅法相宗相奪う　師主未だ識らず
僧正思　老母を養う　不住山　未だ寺に入らず　止観業　師主比叡山最澄
已上二人は、弘仁七年の年分得度者なり
一乗沙弥道叡　比叡山止観院　遮那経業　師主比叡山最澄
一乗沙弥道紹　比叡山止観院　止観業　師主比叡山最澄
已上二人は、弘仁八年の年分得度者なり

一乗沙弥興善　比叡山止観院　遮那業　師主比叡山最澄
一乗沙弥興勝　比叡山止観院　止観業　師主比叡山最澄
已上二人は、弘仁九年の年分得度者なり
一乗沙弥弘真
一乗沙弥弘円
　已上二人は、弘仁十年の年分得度者なり

『叡山大師伝』には弘仁十一年（八二〇）までのことを、「去る大同二年自《よ》り、弘仁十一年に至るまで、合わせて一十四箇年、両業の度者二十八口、各各縁に随って、諸方に散在し、住山の衆は、一十に満たず。」と記しているように、十四年間二十八人の得度者のうち、比叡山に住しているのは十人に満たないと言うのである。その最澄の心痛は、右に見た自筆の文書からも窺えるであろう。

最澄は弘仁九年までの二十四人について、比叡山に住しているのは十名であるとし、他は相奪・養母・随縁・死去であるとしている。それらは、具体的な状況が明示されている弘仁七年までの十年二十人によって知ることができる。

その二十名のうち、比叡山に住していたのは六人だけであり、その他で目を引くのは

「法相宗相奪」が「別勅」二人を入れて計六人いることである。そして、養母が二人、巡遊修行が一人、死去が一人、その他が四人である。住山の六人は遮那業が徳善のみであり、光定・徳円・円正・円仁・玄慧の五人は止観業であった。弘仁五年（八一四）の止観業得度者として、二十一歳になった円仁の名が記されていることに注目される。

〈コラム3〉二人の道邃

道邃について一言を付すならば、日本にも播磨の道邃（?～一一五七）という人物がいた。問題は最澄の師である中国の道邃（興道道邃、生没年不詳）との関わりである。というのは、『天台法華玄義釈籤要決』『天台法華疏記義決』『摩訶止観論弘決纂義』という大部の三部作が現存し、それらが興道道邃と播磨道邃のいずれの撰かということが議論されて来たからである。

これらの三部書は、その書名からも知られるように、天台三大部に対する湛然（七一一～七八二）の註釈を更に解説するものである。ここでは、三部書をまとめて三大部要決と呼び、それぞれを『釈籤要決』『疏記義決』『弘決纂義』と略称する。

二人の道邃の間にはおよそ三百年の逕庭がある。それにも拘らず、両説が主張され決着を見なかったのは、どういうわけであろうか。それは、研究方法に問題があったからである。中でも、中国の道邃説を大部の論考で主張した常盤大定*氏の説は諸研究者に大きな影響を与えた。常盤氏は三大部要決の引用文献を精査することによって、播磨道邃撰述説を否定した。しかし、常盤氏は引用される諸文献が孫引きである可能性を見落とした。三大部要決における多くの引用は、湛然の弟子たちの著述に見られるのである。その代表が、『疏記義決』に見られる延秀（生没年不詳）の『円鏡』に基づく諸文である。常盤氏は、こういった文献を見ることができたのは興道道邃であると断定し、文体に和臭がないことを証拠とした。そのことも、湛然門下の引用を引き写しただけであれば、当然のことになる。

常盤氏の方法論について、更に問題点を挙げるならば、教学的な研究がなされていないことである。例えば、『釈籤要決』や『疏記義決』には大師（智顗）撰とされる『弥勒成仏経疏』が引用され、一生入妙覚を論ずる根拠としているが、その議論は明らかに日本天台で醸成されたものである。このように、三大部要決には日本天台の教義が散見する。ここでの『弥勒成仏経疏』も偽撰に他ならない。

三大部要決の作者と考えられる播磨道邃は、道暹や行満といった湛然門下たちの教義についても、あたかも自説の如く活用している。

要するに、播磨道邃は興道道邃の名を借りて、湛然門下が撰述したような雰囲気を醸し出しつつ、三大部要決を撰述したのである。『峯相記《みねあいき》』には、正覚房という人物が道邃の名を借りて、湛然の天台三大部の註釈に更に料簡を加え、そのことを知る人々が播磨道邃と呼ぶようになったことが記されているのであり、それは事実を伝えているように思われる。

＊常盤大定（ときわだいじょう、一八七〇～一九四五）…「『天台法華玄義釈籤要決』十巻・『天台法華疏記義決』十巻・『摩訶止観論弘決纂義』八巻の撰者道邃についての疑問」（『支那仏教の研究』二、所収）。常盤説に対する反論は、大久保良峻「三大部要決をめぐる一、二の問題」、「三大部要決の教学について」（共に『天台教学と本覚思想』所収）参照。

第四章

最澄と空海

空海の帰国と交流

空海（七七四〜八三五）が筑紫に帰着したのは、最澄（七六六〜八二二）が帰朝した翌年、大同元年（八〇六）十月のことと推察される。直ちに京に入ることは許可されず、大同四年（八〇九）七月十六日に至って平安京に入ることが認められた。

最澄は八月二十四日には、空海に書簡を送り、十二部の文献の借用を願っている。最澄は空海の『請来目録』を入手していたのである。なお、東寺には最澄直筆の空海撰『請来目録』一巻が伝わっている。最澄の書簡は次の通りである。

謹（啓。借）請法門の事

合わせて十二部

大日経略摂念誦随行法一巻

大毘盧遮那成仏神変加持経略示七支念誦随行法一巻

大日経供養儀式一巻

不動尊使者秘密法一巻

悉曇字記一巻
梵字悉曇章一巻
悉曇釈一巻
金剛頂毘盧遮那一百八尊法身契印一巻
宿曜経三巻
大唐大興善寺大弁正大広智三蔵表答碑三巻
金師子章、幷びに縁起六相一巻
華厳経一部四十巻
右の法門、伝法の為の故に、蹔《しばら》く山室に借らん。敢て損失せず。謹んで経珍仏子に付して、以て啓す。
大同四年八月二十四日　下僧最澄 状上

弟子の経珍を空海のもとに送り、密教関係の書籍の借覧を中心に請うていることが分かる。これらの書目の中に、後の最澄に重要な論拠を与えることになる『大唐大興善寺大弁正大広智三蔵表答碑』三巻が含まれていることは注目する必要がある。本書は『不空表制集』(『代宗朝贈司空大弁正広智三蔵和上表制集』)六巻のことであり、最澄畢生の大乗戒独立のところで再び取り上げる。その他、四十巻本の般若訳『華厳経』は書写が容易でなかったことが後の書簡から知られる。

最澄はその後も空海に借覧を願っている。翌大同五年（八一〇）正月十五日のものと考えられている書簡では『十一面儀軌』（『十一面観自在菩薩心密言念誦儀軌経』）と『千手菩薩儀軌』（『金剛頂瑜伽千手千眼観自在菩薩修行儀軌経』）という二つの儀軌が借用書目として掲げられている。最澄は、入唐以前に作った観音像の供養法を知りたかったのである。

その後、しばらくは空海への借用の依頼は続くが、年次が明らかなもので、弘仁三年（八一二）十月二十六日に「金剛頂真実大教王経一部三巻」の借用を求めたことは重要である。この三巻の経典は言うまでもなく不空訳の『金剛頂経』（『金剛頂一切如来真実摂大乗現証大教王経』）のことであり、『大日経』と相並ぶ密教経典への接近である。

実はその前日、最澄は乙訓寺《おとくにでら》で空海にまみえている。そして、十一月十五日には高雄山寺において空海から金剛界灌頂を受け、十二月十四日には胎蔵界灌頂を受けた。それらの様子は空海直筆の「灌頂暦名」で窺うことができるのであり、本格的な伝法灌頂ではなく、結縁灌頂、或いは持明灌頂と呼ばれる入門的なものであった（持明灌頂と言われる根拠については、「〈コラム7〉光定と円澄」参照）。金剛界灌頂は四人のみ、胎蔵界灌頂は百九十人にも及ぶ受者がいた。胎蔵界灌頂を受けた中には最澄の門弟も多く、何人かを示せば、円澄・光仁・光定や、やがて空海のもとへと去ることになる泰範らがいた。胎蔵界灌頂のみを受けていた円澄や泰範らは、翌弘仁四年（八一三）三月六日に、高雄山寺で金剛界灌頂を受けた。

空海が記すところによれば、最澄の得仏は、金剛界が金剛因菩薩、胎蔵界が宝幢如来であり、その金剛号（金剛名号、密号）はそれぞれ菩提金剛、福聚《ふくじゅ》金剛である。最澄は空海からの伝法により胎金両部についての知識を深めることになったのである。それは入唐中に順暁から伝授された密教とは全く異なるものであった。

なお、最澄の金剛号について、三井寺（園城寺）の敬光（一七四〇〜一七九五）が著した『幼学顕密初門』の「三聖二師小伝」の中には、上記の二つ以外に、金剛界の阿閦《あしゅく》如来とその金剛号の不動金剛を挙げている。これが何に基づくか分からないが、順暁からの所伝が金剛界の道場であったことを想起させる。また、『伝教大師全集』所収の『鎮将夜叉《ちんじょうやしゃ》秘法』や『鎮将夜叉念誦法』には「延暦二十四年十月三日」という帰朝した年と、「不動金剛最澄」という記述が見出される。これらが、最澄の真撰として認められれば話は簡単であるが、現時点では今後の検討課題とするよりほかない。

最澄は空海から二つの灌頂を受けた後、同年（八一二）十二月十八日には次のような七書目の借用を願っている。

借請

虚空蔵経疏四巻

華厳入法界品字門一帖　文殊字母を加え返し畢る。金剛字母返し畢る。

十地経二帖　廻向経・十力経を加う。

菩提場所説一字転輪王経一帖

守護国界主経一帖　返し畢る。

烏枢瑟摩経一巻　復上下

金剛薩埵五秘密念誦儀軌

右の法門、来年二月下旬を限って、将《まさ》に奉上せんとす。伏して乞う、大徳慈悲もて、哀愍し聴許せられよ。稽首和南

弘仁三年十二月十八日　受法の弟子最澄

十二帖を集む、僧智泉

ここには返却に関する情報も追記されている。最澄が空海から借用した諸貴重書については、返却の遅延等、様々な問題を孕んでいた。そのことについては省略するが、弘仁四年（八一三）正月十八日の書信は、右記の書目に関する返却を伝えるものである。

奉上
金剛薩埵五秘密儀軌一巻
金剛頂字母品、幷びに文殊問字母品・華厳儀軌一帖
件《くだん》の書、且《しばら》く泰範仏子に附して、返上し奉る。惟《ただ》、検納を垂れなば、幸甚なり幸甚なり。残る所の諸々の本書は、校了に随って、尋《つ》いで返上し奉らん。取《敢カ》って損失を致さず。

正月十八日　　　　弟子最澄 状

最初に記される『金剛薩埵五秘密念誦儀軌』（『金剛頂瑜伽金剛薩埵五秘密修行念誦儀軌』）は「顕教」が三大阿僧祇劫の修行、つまり、歴劫修行を必要とするのに対して、密教は現証であることを説いていることから、東密では空海以来、台密でも円仁以来尊重される文献である。そして、その後に示される文献の中、『華厳儀軌』とあるのが、借用の時には『華厳入法界品字門』と記されていた文献であり、具名は『大方広仏花厳経入法界品頓証毘盧遮那法身字輪瑜伽儀軌』という短篇である。これらの文献は書写するのに時間が掛からなかった。そして、その返却を託されたのが泰範であったことが知られる。

空海との決別へ

最澄と空海の決別の原因が、旧来の説では『理趣経』の註釈を借りようとした最澄の手紙にあるとされ、それに対して空海が激しく拒絶したとする見解は説得力を持つものであった。しかしながら、諸研究者がそれぞれ異なった見地から考察を加えたことで、必ずしも明快でない方向になってしまったように思われる。ここでは、従来の説が最も安定性があると考える立場から論述する。

先ず問題になるのが、次に示す弘仁四年（八一三）十一月二十三日付の書信である。

弟子最澄和南

書を借らんと請う事

新撰文殊讃法身礼、方円図、並びに注義、釈理趣経一巻。

右、来月中旬を限って、請う所、件の如し。先日借りる所の経、並びに目録等、正身持参し、敢て誑損せず。謹んで貞聡仏子に附して申上す。弟子最澄和南

弘仁四年十一月二十三日　　弟子最澄 状上

高雄遍照大阿闍梨　座下

弟子の志、諸仏の知る所、都《すべ》て異心無し。惟《ただ》、棄捨すること莫《な》ければ、弟子幸甚なり。謹空

この書簡をそのまま引用せず、「釈理趣経一巻」の箇所を削除し、「二十三日」の箇所を「二十五日」として引用する研究者もいるが、「二十三日」とする文書が伝わっていることも示すのが好ましいのではなかろうか。自説に合うように改めて引用すると、混乱を生じかねない。

このことを考える上で、最澄が泰範に対して次の書簡を届けたことが注目されている。「久隔帖《きゅうかくじょう》」と呼ばれる最澄の直筆が現存し、日付は「弘仁四年十一月二十五日」と明記されている。

久しく清音を隔《へだ》つ。馳恋極まり無し。安和を伝承して、且《しばら》く下情を慰《なぐさ》む。大阿闍梨が示す所の五八の詩の序の中に、一百二十礼仏、並びに方円図、並びに注義等の名有り。今、和詩を奉らんに、未だ其の礼仏図なる者を知らず。伏して乞う、阿闍梨に聞かしめ、其の撰する所の図義、並びに其の大意等を告げ施せ。其の和詩は忽ちには作り難

く、着筆の文、後代に改め難し。惟、其の委曲を示さば、必ず和詩を造り、座下に奉上せん。謹んで貞聡仏子に附して奉状す。和南

弘仁四年十一月二十五日　　小法弟最澄 状上

高雄範闍梨 法前

此の頃、法華の梵本一巻を得たり。阿闍梨に覧《み》せしめんが為に、来月九、十の日許《ばか》りを以て参上せん。若し和上の暇有らば、必ず将に参上せんとす。若し暇無ければ、更に後の暇を待たん。惟、指南を示せ。委曲は尋《つ》いで申上せん。謹空

それぞれ空海宛、泰範宛という違いがあるとしても、空海撰の「五八詩」、つまり四十字の「中寿感興詩」に対する和詩を贈るために、その序文に書かれている新撰の『文殊讃法身礼』(『一百二十礼仏』)、『方円図』、『注義』の借覧を請うていることは共通する。空海には直接の依頼、泰範には仲介による依頼をしたためたのである。日付は、両方とも二十五日とすれば同日の書信、前者を二十三日とすれば、後者は二日後の念押しともとれるが、このことに関して最澄と空海の交流に負の要素はない。

　ところが、前者の最澄から空海への書簡には、「釈理趣経一巻」とあり、そのことと『遍照発揮性霊集《へんじょうほっきしょうりょうしゅう》』(『続遍照発揮性霊集補闕抄』)巻一〇に「叡山の澄法師が理趣釈経を

求むるに答する書」という題目を付されて収められた文書との関わりが様々に論じられて来た。このことは、単純に最澄が『釈理趣経』の貸与を求めたことが、空海の逆鱗に触れたと考えて来た従来説で理解できる。しかしながら、空海の論調は極めて激しいものであり、最澄宛の文書としては不適切であろうという立場から、題目の中の「澄法師」が円澄のことであろうとする見解や、「釈理趣経一巻」は竄入《ざんにゅう》、つまり本来なかった言葉であり、しかも空海の返答は文献の貸与を前提としていないという説も示され、様々な見解が出されている。

とは言え、「釈理趣経一巻」と記されていることはそれほど不自然ではないであろう。最澄自身が『理趣品別訳経』、つまり『理趣経』を将来したことは、『越州録』に依っても知られる。最澄は『理趣経』の註釈の内容を知りたかったと考えられる。しかし、空海の『請来目録』に『般若理趣釈』一巻と記される不空訳『理趣釈』(『大楽金剛不空真実三昧耶経般若波羅蜜多理趣釈』)には、十七清浄句に基づく男女関係の肯定的思想である大楽思想が説かれている。空海が最澄の要請を断ったのも、そういった理由によるのかもしれない。空海が、その文書中で「以心伝心」を強調し、「文は是れ糟粕《そうはく》なり、文は是れ瓦礫《がりやく》なり。」と述べたことはよく知られている。

なお、後年のことであるが、最澄は弘仁九年(八一八)に著した『守護国界章』巻上之中における徳一への批判で、『大般若経』の般若理趣分を『理趣経』と呼び、中国法相宗の基（窺基、六三二〜六八二）が撰述したその註釈書『大般若波羅蜜多経般若理趣分述讃』をめぐる論争を記している。それは、法相宗の徳一が基の行位（修行の階梯）説を正しく理解していないことを批判しているのである。

最澄は弘仁四年（八一三）九月には『依憑天台集』（『大唐新羅諸宗義匠依憑天台義集』）を著している。この書物では、既に日本にあった一行（六八三〜七二七）の『大日経疏』を引用することで、密教と天台義が同契することを主張した。『大日経』の註釈書としては、基本的に東密では空海将来の二十巻本『大日経疏』、台密では円仁将来の十四巻本『大日経義釈』を尊重するが、最澄が用いたのは『大日経疏』系統の別本である。内容的には皆、大同小異と言える。善無畏（六三七〜七三五）の弟子でもあった一行は、天台教学も学んでいたため、天台教学を依用する主張が見られるのである。最澄はそれに注目し、「大唐南岳の真言宗の沙門一行は天台の三徳・数息《すそく》・三諦の義に同ず。」という項を設け、密教が天台の三徳と数息と三諦の義と一致することを説くため四つの文章を引用した。最初から三番目までは天台の語が見られ、一番目は数息、三番目は三徳、つまり法身・般若・解脱に関連する。四番目の引用には天台の語はないが、「即空即仮即中」という天台の三諦説と密教の阿字門の結合を論ずる文である。

最澄は弘仁七年に、この『依憑天台集』に序文を追加した。その序文には、「我が日本の天下は、円機已に熟して、円教遂に興る。」というような天台円教の時代になったとする時機観の表明も見られる。従って、それは諸宗への批判にもなるのであり、次のような記述が見られる。

新来の真言家は、則ち筆授の相承を泯《ほろぼ》す。旧到の華厳家は、則ち影響《ようこう》の軌模を隠《かく》す。沈空《じんくう》の三論宗は、弾呵の屈恥を忘れて、称心の心酔を覆う。著有の法相宗は、僕陽（ママ）の帰依を非《ひ》して、青龍の判経を撥《はつ》す。

最澄は諸宗の学匠が天台に依憑していることを『依憑天台集』の本文で述べたのであり、日本の真言家や南都（奈良）の華厳家・三論宗・法相宗ではそれらを忘却していることを非難しているのである。先ず、真言家が筆授の相承を泯すとしているのは、右に述べたように『理趣釈』の貸与を拒み、文献を尊重しないとする空海のことを念頭に置いている。最澄としては、空海との交流が終わったことの宣言とも言える。南都に伝わった華厳については、『続華厳略疏刊定記《かんじょうき》』を著した恵苑《えおん》（慧苑、生没年不詳）の指摘を隠し、天台の影響を黙殺していることを述べている。三論宗については沈空と表記し、その中に称心とあるのは称心精舎のことであり、『続高僧伝』巻一九に基づき天台の灌頂（五六一～六三二）が称心精舎で『法華経』を講じていた時の吉蔵（五四九～六二三）の心酔を見ないようにしていると言う。著有（有に執着すること）とする法相の中の、僕（濮）陽とは智周（六六八～七二三）のことで、『依憑天台集』では次のように述べている。

大唐僕《ママ》陽の法相宗の沙門智周は、天台宗に依って菩薩戒経疏五巻を造る。其の菩薩戒経疏の第一巻に云く、将に此の経文を釈せんとするに、前に天台智者に依って、五門の分別を作る。一には経の名を釈す。二には経の体を出す。三には経の宗を明かす。四には経の力用を弁ず。五には経の教相を判ず等、と云云。

「菩薩戒経疏五巻」というのは『梵網経疏』（『梵網経菩薩戒本疏』）五巻のことと考えられ、巻一は現存しないが、最澄の引用に依れば天台の五重玄義（名・体・宗・用・教）を活用した。現存する巻二では天台の六即を採用している。

もう一人の青龍とは、青龍寺良賁《りょうび》（七一七～七七七）のことであり、その著『仁王護国般若波羅蜜多経疏』に天台義への言及があることを示している。

最澄は『依憑天台集』で、このような天台の影響を列記したのであり、完成した三年後に、諸宗がそういった事実を無視していることを非難したのである。中でも、遮那業の学生を育成する必要がある日本天台宗にとっては、空海との断交は大きな問題となるが、そのことについては、最澄の弟子であった泰範の去就について見ておく必要がある。

泰範の去就

最澄と空海の関係を考える上で、泰範（七七八～八三七～）のことは常に話題になる。しかし、泰範という人物はよく分からないというのが実情である。少なくとも、最澄が泰範の才量を高く評価して重用しようとしたのにも拘らず、泰範は空海のもとに赴いてしまう。最澄がその悲しみを述べた書信が伝わっていることに併せて、その書信により天台宗と真言宗における密教観が異なるものであることが知られるのである。

泰範は弘仁二年（八一一）八月一日付の書状で、「忽ち重障有って、諸事に堪えず。」という理由で『法華経』を講ずることを断っている。このような文書において、既に二人の関係の穏やかならざることを推測すべきかもしれない。最澄は弘仁三年（八一二）四月二十一日の書信で、「同法已に別れ、老前悲しみを含む。昼夜憂慮す。……伏して乞う、本願を照察して、遥かに此の院に留まり、早く弊室に帰って、倶に仏恵を期《ご》せん。」と述べ、

「老僧を棄《す》つること莫《な》かれ。謹疏」と結んでいる。この年は最澄は四十七歳であり、十二月には泰範と共に空海から胎蔵界の灌頂を受けることになる。それ以前において、最澄と泰範との関係は激動する。

同年の五月八日には最澄は遺言を書いた。「弘仁三年の遺書」である。

老僧最澄遺言す。

山寺の総別当は泰範師　文書司を兼《か》ぬ。

伝法の座主は円澄師

一切経蔵の別当は沙弥孝融

近士土師茂足

雑文書の別当は近士壬生維成

右、仏法を住持せんが為に、経蔵の文書を検校《けんぎよう》し、一衆を唱導して、充《あ》て行うこと件の如し。宜く我が同法、件の別当の言に随い、応《まさ》に承け行い、左右・是非すること勿《なか》るべし。但《ただ》、三年の間は、文書、並びに道具・雑物等、経蔵より出入することを得ざれ。三年を過ぐと雖も、院内より出散することを得ざれ。以て遺言す。

弘仁三年五月八日　老病僧最澄

知事僧泰法

後事を弟子たちに託した文面である。このような文書を記したのは、最澄自らが「老病僧最澄」と署名しているように、病状が悪化していたことが考えられる。この遺言の最初に記されるのが、泰範を比叡山内の総別当に任じ、文書司も兼ねさせるという指示である。そして、次に円澄を伝法の座主に任用することが書かれている。

しかし、泰範はこの招請に応じなかった。泰範が六月二十九日付で暇乞いをした書信は次のようなものであった。

員外《いんげ》の弟子泰範稽首和南

泰範、常に破戒の意行あり、徒《いたず》らに清浄の衆を穢《けが》す。伊蘭*の香林に臭《くさ》きが如く、魚目の清玉に濫《みだ》るに似たり。(自ら顧るに)浅生、野菟、恥少なきに非ず。誠に願わくは、蹔《しばら》く心を一処に制し、罪業を懺悔せん。謹んで暇を請う。稽首和南

弘仁三年六月二十九日　　弟子泰範

＊伊蘭（いらん）…悪臭を放つ樹木であり、香木である栴檀と対比される。

自らを「員外の弟子」と表記していることは、泰範が初めから最澄の弟子ではなく、外から来たことに関わるという見方もあり、山内において溶け込めていなかった可能性が高い。泰範は自身を伊蘭や魚目に喩えて、最澄から去り行くことを申し出たのである。最澄はこの書信を見た同日に、驚嘆の意を表す書簡をしたためた。

書を見て驚痛す。住持の法は、蹔《しばら》く闍梨に於いてし、老僧の志も、亦《また》、二を用いず。何ぞ忽然として断金の契《ちぎり》を忘れて、更に不意の暇を請わんや。若し懺（悔）罪の事有らば、具《つぶさ》に弊僧に告げよ。丈夫、衆口の熕を厭《いと》いて、法船を棄捨せんや。誠に願わくは、蹔く室門を閉じて、縄床の上に坐し、外出して東去・西去することを得ざれ。此れ深く望む所なり。謹んで廻使円光行者に附して、以て和南す。

六月二十九日　　下同法最澄 状上

塔院禅房 侧

委曲の志は、対面して具に陳べん。厭うこと莫れ。今云う所の世間の囂塵《ごうじん》の事は、仏事を持せんが為の故なり。謹空

泰範が不意の暇を乞うたことに対して、最澄は驚いて心痛の情を呈したのである。この

中で、泰範に懺悔するような罪があるなら、最澄に告げるように述べていたり、追記の中で対面を望むことを記しているとしても、比叡山外の「塔院」にいた泰範の決意は固かった。

ところで、最澄は同じく弘仁三年（八一二）八月十九日に空海宛の書簡を「弟子老僧最澄和南」として記した。その中には、最澄の立場を表す、「但、遮那の宗と天台と融通し、疏の宗も亦同じ。……法華・金光明は、先帝の御願なり。亦、一乗の旨は真言と異なること無し。伏して乞う、遮那の機を覓《もと》めて、年年相計って伝通せしめん。」という見解が示されている。最澄にとっては、天台と密教は融通し、優劣をつけるものではない。特に、「一乗」の語は、その生涯において、天台と密教の一致を論ずる上での重要語となる。この文書は空海からの受法以前のものであり、これからの受法を喜ぶものである。しかしながら、実は、密教と天台の一致を説くことは、後には空海の非難を浴びることになる。

最澄と泰範は書信を通じての連絡はしばらく続くが、弘仁四年（八一三）六月十九日に最澄が泰範に宛てた書簡は『止観輔行伝弘決』の返却を要請するものであり、最澄自身を「棄てられし老同法最澄」と記するまでに至っていた。

最澄が空海に送った書信で分かっているのは、弘仁七年（八一六）二月十日のものが最後と言われている。それは空海から借りていた文献の返却に関する書簡であり、空海からの督促への返信であった。その後、同年五月一日に、最澄は泰範に自らの終焉を告げるかのような書簡を記した。

（前略）

老僧最澄、生年五十、生涯久しからず。住持未だ定まらず。同法は各見にして、六和都《すべ》て無し。独り一乗を荷い、俗間に流連す。但、恨《うら》むらくは、闍梨と別居することのみ。往年期《ご》する所は、法の為に身を忘れ、発心して法を資《たす》くることなり。已に年分を建て、亦、長講《じょうごう》を興す。闍梨の功は、片時も忘れず。又、高雄の灌頂には、志を同じくして道を求め、倶に仏恵を期す。何ぞ図《はか》らん。闍梨は永く本願に背《そむ》き、久しく別所に住するなり。蓋《けだ》し劣を捨てて勝を取るは世上の常理なり。然れども法華一乗と真言一乗と、何ぞ優劣有らん。同法同恋なり。是れを善友《ぜんう》と謂う。我と公と此の生に縁を結び、弥勒に見《まみ》えんことを待つ。儻《も》し深き縁有らば、倶に生死に住して、同じく群《ぐん》生《じょう》を負《お》わん。来春の節を以て、東遊して頭陀《ずだ》し、次第に南遊し、更に西遊北遊して、永く叡山に入り、生涯を待たん。去来、何ぞ日本を廻遊して、同じく徳本を殖《う》え、識《き》誉《よ》を顧みず、本意を遂《と》げん。此れ深く望む所なり。謹んで便信に附して、奉状す。不宣、謹んで状す。

弘仁七年五月一日　　小釈最澄 状上

範闍梨 座前

茶十斤以て遠志を表す。謹空

この年、最澄は五十一歳であった。茶十斤を添えて、この書状を送付した。高雄山寺で一緒に空海から灌頂を受けたことを記し、劣を捨てて勝を取ることは世の道理であるとしても、法華一乗と真言一乗に優劣はないことを伝えたのである。

このことに対する返信は空海によってなされたことが知られている。その話題に入る前に、この最澄の文書で、もう一つ注目されて来たのが来春の節に東遊、すなわち東国に巡行する計画を述べていることである。つまり最澄が東国に向かったのは弘仁八年（八一七）春となり、他の資料も参照することで、『叡山大師伝』で弘仁六年（八一五）の記事としていることが訂正されることになった。

さて、最澄の書状に対する返書は、『遍照発揮性霊集』（『続遍照発揮性霊集補闕抄』）巻一〇に「泰範、叡山の澄和尚の啓を答するが為の書」と題されて収められた文書である。この返書は、実は泰範の代わりに空海が筆を執ったものである。その中には、最澄の書簡からの言辞も引用され、「又云く、法華一乗と真言一乗、何ぞ優劣有らんやとは、泰範、智は菽麦《しゆくばく》に昧《くら》く、何ぞ玉石を弁《わきま》えんや。」と述べているが、以下に続く文章は、明らかに密教の秀逸性を述べるものである。すなわち、「夫《そ》れ、如来大師は、機に随って薬を投ず。性欲《しょうよく》千殊にして、薬種万差《まんじゃ》なり。大・小鑣《くつばみ》を並べ、一・三轍《てつ》を争う。権《ごん》・実別《わか》ち難く、顕・密濫《みだ》し易し。知音に非ざる自《よ》りは、誰か能く之を別たん。然《しか》りと雖も、法・応の仏、差無きことを得ず。顕・密の教、何ぞ浅・深無からん。法・智の両仏、自・他の二受、顕・密説を別にして、権・実隔《へだ》て有り。」という主張は、密教と顕教を対比して密教の秀逸性を説いている。仏身について言えば、法身と応身の説には差別ありとし、密教の仏を理法身・智法身、自受用身に限定するものである。

仏身論は煩雑であるので、ここでは立ち入らないが、天台宗では法身・報身・応身という三身の一体・平等を強調するのであり、空海とは全く立場を異にする。ともかく、最澄と空海の関係が断絶するのは、思想的には、当然の帰結といえるのである。泰範との関わりもなくなった。

〈コラム4〉最澄の諸国歴訪

最澄が東国に向かう前からの、比叡山以外での活動については、年次を追って示すほうが分かりやすいと考える。それは、必ずしも事実とは思われない逸話や、明瞭ではない話も含まれるからである。以下に、年表形式で示しておく。

弘仁三（八一二）九月　四十七歳

渡海の願を果たすため住吉大神（住吉大社）に詣で、一万灯を供し、大乗経典を読む。（『伝述一心戒文』巻上）

弘仁五（八一四）春　四十九歳

渡海の願を遂げるため、筑紫に赴く。白檀で五尺の千手観音一軀を造る。八幡大神（宇佐八幡）を参詣し、『法華経』を講じた、八幡大神の託宣により紫の袈裟と紫の衣を授与された。更に、賀春《かわら》の神宮寺を参拝し、『法華経』を講じた。その地における奇瑞が伝えられている。（『叡山大師伝』）

弘仁七（八一六）　五十一歳

この年、四天王寺の聖徳太子廟に参詣し、「求*伝法華宗詩（法華宗を伝うることを求むる詩）」を作る。（『伝述一心戒文』巻中）

弘仁八（八一七）春　五十二歳

東山道により東国に向かう。上野と下野に宝*塔を建て、『法華経』二千部一万六千巻をそれぞれ八千巻ずつ安置した。（『叡山大師伝』、年次は修正）

同　三月六日

下野の大慈寺で円仁と徳円に菩薩戒を授ける。（『慈覚大師伝』、『園城寺文書』一「最澄授徳円戒牒」）

同　五月十五日

上野の緑野《みどの》寺で、円澄と広智に胎蔵・金剛の両部灌頂を授ける。（両部灌頂については不明瞭。『天台霞標』二―二「相承血脈」）

月日不明

東国巡化の折に、東山道の難所であった信濃坂（神坂峠）の美濃国側に広済《こうさい》院、信濃国側に広拯《こうじょう》院という宿泊設備を建てた。その行程の厳しさを、『叡山大師伝』では、「大師東征の日に、信濃の坂に赴く。其の坂、数十里なり。雲を躡《ふ》み漢（天の川）を跨《また》ぎ、霧を排《はら》い錫を策《つ》く。馬は蹀《あしぶ》み風を喰《くら》い、人は吟《うめ》き気を吐く。猶尚《なお》、一日の行程に能《た》えずして、唯《ただ》、半山に宿して、纔《わず》かに聚落に達す。」と描写している。

＊「求伝法華宗詩」（ぐでんほっけしゅうし）…「海内に縁の力を求め　心を聖徳宮に帰す　我今、妙法を弘む　師教をして窮《きわま》り無からしめん　両樹は春に随って別れ　三卉《き》は節に応じて同なり　願わくは惟、国（円か）教を　加護して興隆することを助けしめよ」（海内求縁力　帰心聖徳宮　我今弘妙法　師教令無窮　両樹随春別　三卉応節同　願惟国教使　加護助興隆）

＊宝塔（ほうとう）…最澄が造立を目指した六所宝塔の中の安東（上野国緑野郡）と安北（下野国都賀郡）に当たる。その他の四所は、安南（豊前国宇佐郡）、安西（筑前国）、安中（山城国、比叡山）、安総（近江国、比叡山）。

第五章

最澄と徳一

三一権実論争の始まり

空海との交流が途絶えた最澄の晩年において、徳一《とくいつ》（生没年不詳）との論争と大乗戒独立が最重要の事績となった。先ずは、徳一との三一権実論争を取り上げる。

最澄と徳一の論争については、徳一の思想は主として最澄の引用によって知ることができるが、それに関する徳一の著作は残っていない。とは言え、それぞれの立場が一乗と三乗のどちらを真実と捉え、どちらを権《ごん》（かり）、或いは方便と捉えるかということが根本にあるので、相容れるはずはない。最澄が説く一乗思想は、一切衆生が成仏できるということを強調する。片や、三乗思想とは成仏できない衆生を認めるものであり、単純に五性《ごしょう》各別《かくべつ》（五姓各別とも書く）という言葉で解説されることもあるが、実は複雑である。そのことについては後述する。

ともかく、それぞれが天台と法相（唯識）という異なった依拠を持つのであるから、当初からそれぞれの結論は自明のこととなっている。従って、互いに自説を主張するところに意味があり、終焉のない論争は他を批判しながらの自家の教義を説示するところに意味がある。後に、宮中清涼殿で行われた応和の宗論（応和三年、九六三）において、天台宗の良源《りようげん》（九一二〜九八五）と法相宗の仲算《ちゆうざん》（一説、九三五〜九七六）が論陣を張ったことは脚色がなされ、物語として伝えられることになった。

最澄としては天台法華宗の秀逸性を弘める上で、東国での布教は極めて重要であった。一方、空海も真言密教の積極的な宣揚を開始した。下野《しもつけ》国大慈寺の広智（生没年不詳）には、空海からの書信（『高野雑筆集』所収）が弘仁六年（八一五）三月二十六日付で出された。広智は道忠（七三五？〜八〇〇？）の後を継いだ人物であり、大同三年（八〇八）には円仁（七九四〜八六四）を伴って比叡山に登り、また、大同五年（八一〇）には最澄から順暁直伝の三部三昧耶を授けられている。

空海は、その後、四月五日に徳一に対して「徳一菩薩」という敬称を用いて書簡（『高野雑筆集』所収）を書いている。徳一の著作として唯一伝えられる『真言宗未決文』は、空海との交流で著されたと考えられている。この徳一宛の書簡は、弘仁六年四月二日（または一日）という日付が記された、いわゆる「勧縁疏」と一具に考える必要がある。「勧縁疏」は「諸々の有縁の衆を勧め奉って、応に秘密法蔵合わせて三十五巻を写し奉るべし具なる目別紙に載せたり」（『遍照発揮性霊集』巻九）とも題されるように、三十五巻の真言密教文献を書写することを勧奨するものであり、内容は空海の密教思想を凝縮したものになっている。なお、三十五巻については、三十六巻とする説もあり、その具体的な書目は伝わっていないが、龍猛《りゅうみょう》（龍樹、一五〇？〜二五〇？）撰と伝えられる『菩提心論』（『金剛頂瑜伽中発阿耨多羅三藐三菩提心論』）が含まれていたことは、「勧縁疏」の文中に引用があるのでほぼ確実である。

『菩提心論』には、『法華経』に同じく完全な二乗作仏《にじょうさぶつ》を説く箇所があり、法相宗の立場とは異なっている。最澄は最晩年の『法華秀句』巻上末で、『菩提心論』のその箇所を金剛頂宗の説として引用し、徳一を批判した。空海が流布させた書籍が、最澄にも大きな影響を与えていたことが知られるのである。

最澄と徳一の論争において、最澄が最初に著した書物が『照権実鏡』一巻であるとされ、撰述したのは弘仁八年（八一七）二月のことであった。『照権実鏡』は小著でもあり、東国に巡行している時の著作と考えられている。徳一は会津（福島県）に住し、人々に崇敬されていたようである。その最澄の『照権実鏡』は徳一の『仏性抄』を誹議したものであり、徳一が『法華経』を権と判じたことに対して、『法華経』が真実であることを論じた。『照権実鏡』は徳一批判の出発点になるものである。先ず序文で、印度に善瑜伽師と悪瑜伽師がいて善師が悪師を破捨し、中国に善法相師がいるものの、日本には悪法相師がいることを記し、その悪法相師である徳一の見解について、次のように示している。

其の悪法相師は、法華経を権密《ごんみつ》の説、方便の説、随他意の説、引摂《いんじょう》の説、体狹《たいきょう》の説なりと執して、人を謗し、法を謗し、昼夜に息《や》まず。

つまり、悪法相師である徳一は、『法華経』を権密の説、方便の説、随他意の説、引摂の説、体狹（体狭か）の説であるとして謗《そし》ったと述べたのである。これらの中、最初の権密はやや分かりにくいので、少々説明しておきたい。

そもそも、「秘密」という語には一様ならざる意味があるが、重要な意味として「奥深い」という意味がある。『法華経』が、それ以前の諸経典では秘して説かれなかった二乗作仏を説いたことで、秘密の教と名づけられる場合がそれである。それでは『法華経』では既に説いてしまったから顕露ではないかということにもなるが、仏がかつて秘していた深淵の教えを説いたという意味で秘密と捉えるのである。

しかし、徳一が『法華経』を密意の教であり権教であると非難するのは、秘密の語の捉え方が異なるからである。このことに関する最澄と徳一の論争は、最澄の『守護国界章』巻下之下や『法華秀句』巻上本に見られ、『大乗十法経』に説かれる十秘密についての論争になっている。但し、扱われる経文は『大乗十法経』の異訳である『大宝積経』大乗十法会からの引用である。その十秘密の一つ目が授記についての密であり、徳一が『法華経』を権教と見る根拠とするのに対し、最澄は「時徳（の）密」という言葉で徳一を難じている。前記したように、成仏についてのそれぞれ異なる立場を反映した議論であるので、融和することはない。

徳一と最澄の著作

徳一の著作としては、確定的ではないが十六部、もしくは十七部が挙げられ、最澄との論争で明らかな文献として、『仏性抄』（一巻）の他に『中辺義鏡』（三巻）、『慧日羽足《えにちうそく》』（三巻）、『遮異見章《しゃいけんしょう》』（三巻）という三書が知られている。これらの内容が、直接の原典からではなく、最澄の引用から知られるだけであり、しかも最澄の諸撰述との対応が必ずしも明瞭に整理づけられないという点もあり、十分な解明には至っていない。しかし、昨今の研究者による成果は、その他の資料からも、少しずつ進捗を示している。

そして、最澄が著したのは、『照権実鏡』に続けて、『守護国界章』九巻（または三巻、弘仁九、八一八）、『決権実論』一巻（弘仁十一、八二〇）、『通六九証破比量文』一巻、『法華秀句』三巻（または五巻、弘仁十二、八二一）といった書籍が現存する。『守護国界章』は大部の著作であり、その批判の対象は『中辺義鏡』である。そこでは、それ以前の、

『仏性抄』と『照権実鏡』の論争が直接に継承されていない点が特色となっている。それは、徳一が『中辺義鏡』で非難した文献が系統を異にすることが明らかになったからである。このことについての最先端の研究が田村晃祐氏の業績であり、仮称『天台法華義』という文献が道忠教団内部で著され、それを『中辺義鏡』が批判したという学説を提唱している。この説は、『決権実論』に最澄の撰述として書名が記される『一乗義集』と仮称『天台法華義』との関係も問題になることから、全面的な容認を得ていないので、今後の更なる検証が要求されるが、現時点での一つの到達点である。

その『天台法華義』は、天台教判、『摩訶止観』、『法華玄義』、『法華文句』という天台説、及び法宝（生没年不詳）・華厳の一乗説を全体の内容とする。それを徳一が『中辺義鏡』で非難し、最澄が『守護国界章』で再批判したのである。これらの中、天台教判はいわゆる五時八教のことであり、その根拠として明曠《みようこう》（生没年不詳）の『天台八教大意』や智顗（五三八〜五九七）の大本『四教義』を用いていることが特色となる。

前に『依憑天台集』の弘仁七年追記の序文に、「我が日本の天下は、円機已に熟して、円教遂に興る。」と記されているのを紹介したが、『守護国界章』巻上之下には次のような記述が見られる。

夫《そ》れ権小《ごんしょう》と権大と実一乗と、其の道懸《はる》かに別にして思議し難し。……其の修行の道に、亦、迂回《うえ》・歴劫《りやっこう》・直道《じきどう》有り。其の修行者に、歩行の迂回道・歩行の歴劫道・飛行の無礙道あり。麁《そ》食者《じきしゃ》が示す所の、多分小乗の止観とは、歩行の迂回道に相似たり。又、多分菩薩の止観とは、歩行の歴劫道に相似たり。此の二の歩行道は、教のみ有って修人無し。当今の人機、皆転変して、都《すべ》て小乗機の無し。正・像稍《やや》過ぎ已《おわ》り、末法太《はなは》だ近きに有り。法華一乗の機、今正しく是れ其の時なり。何を以て知ることを得るや、安楽行品の末世法滅の時なることを。今、四安楽行、三の入・著・坐行、六牙白象観、六根懺悔法、般若一行観、般舟三昧《はんじゅざんまい》行、方等真言行、観音六字句、遮那胎蔵等、是《かく》の如き直道の経、其の数無量有り。

麁食者というのは、最澄が徳一を呼ぶ時の常套語である。その徳一の『止観論』を引用した後、それを迂回・歴劫であると批判し、直道を誇るのが全体の主張である。その直道は飛行無礙道とも換言され、末法が近いこの時代に小乗の機はなく、皆が法華一乗の機になっていると言うのである。

そして、注目されるのは、直道の語のもとに天台と密教の修行を統合していることである。具体的には、『法華経』安楽行品に説かれる身・口・意・誓願の四安楽行、そして三の入・著・坐行というのは『法華経』法師品に基づく弘経《ぐきょう》の三軌と言われるもので、如来の家に入り、如来の衣を著《き》、如来の座に坐して法を説くことである。その三には順に大慈悲心・柔和忍辱《にゅうわにんにく》心・一切法空の義が宛てられる。六牙白象観は『法華経』普賢菩薩勧発品、六根懺悔法は『観普賢菩薩行法経』や『法華経』法師功徳品に基づく行である。以上は、天台の四種三昧の中の半行半坐三昧で、更にそれを二分した中の法華三昧になる。般若一行観、般舟三昧《はんじゅざんまい》行、方等真言行、観音六字句も四種三昧を並べたもので、般若一行観は『文殊説般若経』と『文殊師利問経』による常坐三昧、般舟三昧行は『般舟三昧経』による常行三昧、方等真言行は『大方等陀羅尼経』による半行半坐三昧の中のもう一つの方等三昧、観音六字句は『請観音経』と『七仏八菩薩所説大陀羅尼神呪経』による非行非坐三昧になる。最澄は、『摩訶止観』に説かれる四種三昧を列記したのである。そして、その後に、遮那胎蔵を加えている。遮那業を設立したことから言えば当然ではあるが、空海との決別後も、最澄にとって密教が生涯重要な法門であったことは、徳一との論争においても見ることができる。

また、最澄の撰述として『法華去惑』四巻があり、『守護国界章』巻中とほぼ同じ内容になっている。

次に、『決権実論』は、『守護国界章』より後に著され、更に『法華秀句』が最後の述作となる。後世の引用から『守護国界章』への反駁書として『遮異見章』が著されたことが解明され、『決権実論』には『遮異見章』のみならず『中辺義鏡』と『慧日羽足』という書名も見出されるので、新たに『遮異見章』と『慧日羽足』が最澄による批判の対象になったことが知られる。『決権実論』には自身の著作として、『守護国界章』『照権実鏡』『一乗義集』の名を掲げている。

『通六九証破比量文』は、後述のように『法華秀句』にその名が見えるので、『法華秀句』の前の著作である。

最澄の最晩年の著作となる『法華秀句』三巻（五巻）は「法華十勝」を説く書物として知られる。それらを示せば、「仏説已顕真実勝一」、「仏説経名示義勝二」、「無問自説果分勝三」、「五仏道同帰一勝四」、「仏説諸経校量勝五」、「仏説十喩校量勝六」、「即身六根互用勝七」、「即身成仏化導勝八」、「多宝分身付属勝九」、「普賢菩薩勧発勝十」となる。その構成は、巻上（本・末）が「仏説已顕真実勝一」であり、「仏説経名示義勝二」以下の九勝は全て巻下に含まれる。そこで、『法華秀句』巻中（本・末）は本来は別の文献であった可能性も指摘されている。加えて、『法華秀句』の別名として『法華輔照《ふしよう》』という名称が用いられるものの、その『法華輔照』は本来、巻中に限定する呼称であったとする見解もある。しかし、五大院安然（八四一～八八九～、一説九一五没）の『即身成仏義私記』では

『法華秀句』巻下の内容を『法華輔照』下巻の文として引用しているので、その説は成立しない。巻中の問題はここでは措《かく》く。

『法華秀句』巻上末には、「是の如き等の権・実、及び成・不成、定・不定性、約位約種、密意の隠密は、義鏡章等、慧日羽足、遮異見章等にあり。委悉に遮破すること、守護国界章、照権実鏡、決権実論、通六九証等の如し。」と記されるように、徳一の書としては『義鏡章』『慧日羽足』『遮異見章』を挙げ、最澄はそれらを自身の『守護国界章』『照権実鏡』『決権実論』『通六九証破比量文』で破したとしている。

最澄の思想を探る

既に論じた書籍の中から、最澄の思想を幾つか紹介しておきたい。先ず、『決権実論』一巻は二十条の項目を立て、それぞれを「山家問難《さんげ》　北轅会釈《ほくえんえしゃく》　山家救難」という形式で論じていく。その中の、「山家問難」は、「一問。二答。三難。四不通義。」と定型化され、最澄自らが、問い、法相宗の立場から答えを推定し、更に難ずるという体裁を採る。そして、徳一の答えが、「北轅会釈」であり、最澄は本書では徳一を「麁食者」ではなく「北轅者（南の楚の国に行くのに、轅《ながえ》を北に向けている者）」と呼んだのである。そして、最後の

「山家救難」が最澄の主張となる。

二十条の内容は、前半十条と後半十条に分かれている。前半の三番目は次の通りである。

山家問難　皆、仏子と名づけば一切衆生作仏するやを問う第三

問うて曰く、若《も》し仏子と名づけば、一切衆生、来世に作仏するや否《いな》や、と。

答えて曰く、縦使《たとい》、名づけて仏子と為すと雖も、然れども彼の畢竟無涅槃性の者は、決定《けつじょう》して来世に仏道を作さず、と。

難じて曰く、法華経第一巻の方便品の偈に「諸法は本従《よ》り来《このか》た、常に自ら寂滅の相なり。仏子は道を行じ已《おわ》れば、来世に作仏することを得ん。」と云うに違《い》す、と。

奥州の北轅者通じて曰く、末学者第三の問。今愍《あわ》れみ教授して云く、不定性の二乗・不定性の増上慢、及び断善闡提《せんだい》の仏子は道を行じ已れば、来世に作仏することを得、と。

山家救って云く、北轅の此の釈、妙理未だ尽《つ》くさず。所以《ゆえ》何《いか》んとなれば、北轅者は未だ三世の定性を解せざるが故に。過去の定性は不退位に住して法華経を聞き、現在の定性は法華経を聞き仏道を成ずることを得、未来の定性は入滅の後、妙浄の土に住し、彼の土に於いて法華経を聞き仏の滅度を得。夫れ三世の定性、若し法華を聞かざれば、

廻心《えしん》して大乗に向かうことを得ざるが故に。北轅者は未だ灌頂を受けず、未だ真言を学ばず。偏《ひと》えに権宗に執して、歴劫の顕教に永く迷う。善星畢《つい》に死して、再び北轅に生ず。若《し》かず、我慢の幢を伏して、*受職《じゅしき》の事を習い、現に仏家に生ぜんには。是の故に名づけて四不通と為すなり。

＊受職の事（じゅしきのこと）…密教の伝法。受職灌頂・伝法灌頂。

天台宗では一切衆生が成仏できることを主張し、一方の法相宗が五性各別の立場であることは言うまでもない。右の記述の「今愍れみ教授して云く」という箇所が徳一の主張である。法相宗の立場から言って、不定性の者が成仏できることは問題ないが、「断善闡提」も成仏できるとしていることはやや説明が必要かもしれない。実は、法相宗では一闡《いっせん》提《だい》を断善闡提・大悲闡提・無性闡提の三種に分類し、それらの中の断善闡提については成仏の可能性を説くのである。そして、大悲闡提は究極の利他行という面を有することもあり、後世の日本天台の論義でも扱われるようになった。

ともかく、天台宗では『法華経』による二乗作仏を力説するのであり、最澄は法相宗で説く定性の者でも成仏することを主張する。そして注目すべきは、最澄が密教の灌頂を受けていることを誇り、徳一が密教を学ばず、歴劫の顕教に迷っていると記していることである。最澄にとって、密教が重要な法門であったことは確かである。

最澄の思想で、もう一つ重要なものを挙げるならば、即身成仏論がある。それは、晩歳の著作である『法華秀句』巻下の「即身成仏化導勝八」で説かれている。最澄は『菩提心論』を見ていたので、同書に密教による即身成仏の義が説かれていることは知っていた。しかし、最澄は『法華経』提婆達多品に説かれる龍女の成仏によって、天台法華宗としての即身成仏を主張したのであり、それは智顗（五三八～五九七）や湛然（七一一～七八二）の解釈が前提になっている。

実は中国天台の龍女成仏に対する解釈はかなり難解であり、最澄は智顗や湛然の教学を精密に解明するものではなかった。そこには、最澄による独自の着眼があり、まさに日本天台ならではの即身成仏思想の出発点となったのである。

最澄は提婆達多品の経文によって、龍女は畜生であり、女であり、八歳という幼さであることを述べ、『法華経』の力で成仏したことを顕揚する。

当《まさ》に知るべし、此の文は難成の趣を明《あ》かして、経の力用《りきゆう》を顕すことを。六趣の中には、是れ畜生趣なり。不善の報を明かす。男女の中には、是れ則ち女身なり。不善の機を明かす。長幼の中には、是れ則ち少女なり。不久の修を明かす。然りと雖も、妙法華の甚深微妙の力もて、具に*二厳の用を得るなり。明《あき》らかに知《し》んぬ、法華の力用は、諸経の中の宝、世に希有《けう》なる所なり。

＊二厳（にごん）…智慧荘厳《しょうごん》と福徳荘厳

龍女はこのように劣る機根であるとしても、『法華経』によって成仏した代表とも言えるのであるから、実は優れた機根であると考えうる要素もある。この問題には、権・実という観点や過去世の修行（宿善）をどう考えるかといったことも極めて複雑に絡まるが、最澄は、『法華経』の経力を絶賛するのみである。最澄は、権・実についても有る人の説に答える形で、簡単に、「有る人会して云く、是れは此れ権化にして、実凡は成ぜず、と。難じて云く、権は是れ実を引く。実凡が成仏せざれば、権化無用ならん。経力をして没せしめんや。……」と述べている。つまり、権であるとしても、権は実を引くものであるから問題ないと言うのである。権・実のことは、日本天台の論義では「龍女権実」の算題のもとに、実者・権者、実得・権巧といった議論がなされるが、最澄の段階では単純である。

龍女の成仏は智顗の教学では円教の初住位であり、それは六即では分真即（分証即）に当たり、最澄もそれを踏襲する。しかしながら、最澄は即身成仏を三生成仏までと捉えた。それらのことを次のように論じている。

能化の龍女、歴劫の行無し。所化の衆生も、歴劫の行無し。能化・所化、倶に歴劫《りやつこう》無し。妙法の経力もて、即身成仏す。上品《じようぼん》の利根は、一生に成仏し、中品の利根は、二生に成仏し、下品《げぼん》の利根は、三生に成仏す。普賢菩薩を見、菩薩の正位に入り、旋陀羅尼を得。是れ則ち分真の証なり。

歴劫成仏に対して、即身成仏や一生成仏を説くことは通途《つうず》のことであるが、最澄は上品利根が一生成仏、中品利根が二生成仏、下品利根が三生成仏という教理を立てた。実は隔《きやく》生《しよう》成仏を即身成仏と看做してよいかという問題もある。このことも難しい問題を孕むが、即身成仏が歴劫成仏に対峙する思想として主張されたことから言えば、速疾成仏という概念を導入すれば一つの解釈となり得る。

なお、三生説については、極大遅《ごくだいち》を三生とする南岳慧思（五一五～五七七）の三生説を活用したかもしれない。すなわち、慧思の『法華経安楽行義』には、「極大遅の者は、三生に即ち得。」と見られ、それを援用した湛然の『法華文句記』（巻八之一）や『止観輔行伝弘決』（巻四之二）の記述に基づいた可能性がある。但し、それらは六即の分真即（分証即）ではなく、その前の相似即への到達について論じたものとなっている。

そもそも、即身成仏とはどういう意味かという根本的な問題がある。特に即身という語については、生身のまま、或いは生身を捨てることなく、更には新たな身（法身）を受けることなく成仏するというような意味が一つの基本説となる。そのように身体の不捨・不受を論ずることは、実は天台の初住成仏では極めて大きな問題を持つのである。というのは、初住位とは無生法忍を得る位であり、無生法忍を得ることにより生身を捨てて法身を得るという教義が前提として説かれているからである。

ここにおける「捨てる」という意味が様々に論じられたのが日本天台の即身成仏論の特色となる。このことに関する最澄の議論はまさに日本天台の出発点と言うべきものであるが、やはり独自の観点からの主張がなされている。次のようである。

有る人云く、変成男子《へんじようなんし》とは、未だ取捨を免《まぬ》がれず、と。今謂《いわ》く、法性の取捨、法性の縁起は、常差別《しやべつ》なるが故なり。法性の同体、法性の平等は、常平等なるが故なり。常平等の故に、法界《ほうかい》を出でず。常差別の故に、取捨を礙《さ》えず、と。

初住位における生身の不捨を、生身即法身という立場から強調していくのが円仁であり、その教義は安然に継承されるが、最澄の段階では独自の観点での議論がなされている。ここでは、有る人が、龍女の変成男子は身体の取捨を免れないと述べたことに対しての、最澄による見解表明になっている。龍女の成仏は、変成男子と生身を捨て法身を得るという二つの教義が重なるので複雑であるが、変成男子は女根が男根に変化するだけであれば捨・不捨の問題とは異なることになる。しかし、最澄は変成男子に関して、常平等・常差別という名言を用いて身体の取捨の義を論じたのである。

最澄の説は、常平等・常差別という二義が同時に存するという考えであり、常平等であるから法界を出ることはないし、常差別であるから取捨を礙《さまた》げないというものである。最澄は明記しないが、実は、この考え方は、南岳慧思の撰とされる『大乗止観法門』の主張に基づくものと考えられる。『大乗止観法門』巻一には次のように説かれている。

> 常平等の故に、心・仏、及び衆生、是の三差別無し。常差別の故に、五道に流転するを説きて衆生と名づく。流れを反《イ汲》して源を尽くすを説きて名づけて仏と為す。此の平等の義有るを以ての故に、仏も無く、衆生も無し。此の縁起差別の義（有るが）為の故に、衆生は須《すべから》く道を修すべし。

常平等というのは絶対的な境地であり、それを六十巻本『華厳経』の「心・仏及び衆生、是の三は無差別なり」という偈で説明し、そこには仏・衆生といった相対性はないことが述べられている。ここで注意すべきは、全てが仏の世界であるという主張ではないことで、仏という立場も相対的なものとして否定されていることである。一方の常差別というのは、仏と衆生という差別が常に存することを意味する。

このような考え方は一方的に常平等を強調するものではないことに留意する必要がある。最澄が即身成仏を『法華経』の成仏思想として論じたことは、以後の日本天台の方向性を決定づけた。但し、即身成仏については様々な教義上の解明すべき事柄があり、それらについては後継者たちの研鑽を俟つ点も少なからずあったのである。

常平等・常差別に関して、もう一つ触れておきたいことがある。このことについては略説に止めるが、『守護国界章』巻中之下では、仏身に関して徳一に常平等・常差別によって説示する場面がある。天台教学では、しばしば三身の一体を強調するが、最澄は徳一に対して常平等・常差別の両義の必要性を説いているのである。それは、徳一の、「三に自宗に違するの失とは、彼自ら円教を立て、一即一切、一切即一と云う。爾らば則ち、釈迦を歎ずるは、即ち是れ諸仏を歎ずるなり。何ぞ労して別歎せん。」という批判に対する反論である。

第三に自宗に違するの失とは、此れ亦爾《しか》らず。麁食者は、一礙《いちげ》一無礙の故に、同体の辺を執して、異体の辺を遮す。汝今当に知るべし。異体の故に、十方三世、各各不同なり。同体の故に、一大法身、都《すべ》て差別無きことを。一即一切の故に、常差別立す。一切即一の故に、常平等存す。送る所の違宗の失とは、麁食者は、未だ一即一切の義を了せざるのみ。

要するに、徳一が諸仏同体の一辺に偏った主張をしているとして、一即一切であるから常差別の義が成立し、一切即一であるから常平等の義が成立することを述べている。両義が同時に成り立っていることを説くことが、最澄の眼目なのである。この記述も、『大乗止観法門』との関わりを有している。すなわち、『大乗止観法門』巻四には次のような問答が見られる。

問うて曰く、諸仏は既に我執を離る。云何《いかん》が十方三世の（諸）仏は別なること有ることを得んや。

答えて曰く、若し我執を離れて心体平等を証得する時には、実に十方三世の異なり無し。但し、本より因地に在って未だ（我）執を離れざる時には、各々別に願を発し、各々土を浄《きよ》むることを修し、各々衆生を化す。是の如き等の業は差別不同にして、浄心を熏ず。心性は別熏の力に依るが故に、此の十方三世の諸仏の依・正二報の相の別なることを現ず。真如の体に此の差別の相有りと謂うには非ず。是の義を以っての故に、一切諸仏は常同・常別なること、古今法爾なり。

この中で注目すべきは、「一切諸仏は常同・常別」という言い方であり、常同は常平等、常別は常差別の義に他ならず、最澄がこの記述に注目したことは間違いないであろう。円珍（八一四～八九二）は明らかに『大乗止観法門』を慧思の撰述として用いている。最澄については、『大乗止観法門』という書名を出さないため、その影響はあまり知られていない。しかし、最澄が同書の教義を極めて重要な議論で採択していることは、見逃せないであろう。最澄によって、常平等・常差別の義は、成仏する時の身体の捨・不捨との関わりで導入され、そして諸仏の同異の問題でも、両義性を顕揚する立場から活用されたのである。

その他、最澄が法相宗（唯識）を、蔵・通・別・円という天台四教の中の通教であると主張したことが知られている。そのことは、『法華秀句』巻中本に、「夫れ瑜伽論は、三乗教に通ず。」と述べていることからも分かるが、それは中国天台の湛然が別教義と看做したことと異なるのである。例えば、湛然は、『法華文句記』巻二中で、「誰か唯識等の文は但、別位を明すことを知らん。」と述べ、別教位を明かしていると判じている。このことについての詳細は省略するが、安然（八四一～八八九～、一説九一五没）は「名別《みようべつ》義通」という観点から両者を繋げることで、解決を図った。

〈コラム5〉即身成仏思想と龍女成仏

日本天台の即身成仏思想は、最澄に始まる。それは『法華経』提婆達多品《だいばだったほん》の龍女成仏に根拠を持つものであるから、中国天台の延長線上に位置づけられる。

中国天台では、龍女の成仏を円教の初住位（〈コラム2〉四教と行位、参照）と判じているのであり、それが基本説となる。初住という修行の階梯（行位）は天台教学において極めて重要な意義を持つ。初住位は聖者としての四十二《しじゅうに》位の初めであり、最後の妙覚位にも通じる位である。初住は初発心住とも言い、特に六十巻本『華厳経』巻八梵行品に見られる「初発心《しょほっしん》の時に便《すなわ》ち正覚を成ず。（初発心時便成正覚。）」という教義も、龍女成仏に併せて天台円教の初住位を説示するものとして尊重される。その円教の初住を明かす文証をもう一つ挙げるならば、『涅槃経』巻三四（南本）の、「発心と畢竟の二は別ならず。是の如き二心には先心難し。（発心・畢竟二不別。如是二心先心難。）」という偈文が、同様の教義を端的に表しているであろう。

また、初住位は無生法忍《むしょうぼうにん》を得る位であり、そのことにより生身《しょうじん》を捨てて法身を得るというのが基本説となる。しかし、同時に、無生法忍を得ても生身のままであるという、生身得忍の教義も立てられている。生身得忍であれば元と同じ身体であるので、三界の外に往くことはない。しかし、法身を得れば天台宗で立てる四土の中の実報無障礙土に居することになるのであり、それは界外《かいげ》（三界の外）になる。

その両義の中、生身得忍の義を即身成仏と看做す考え方もあるが、それとは別に、平安初期に法華円教の立場から問題になったのは、生身を捨てて法身を得るというのであれば、即身成仏にならないのではないかということであった。そのことについて、その「捨」というのは実に捨てるのではないと積極的に論じたのが円仁であり、その主張は弟子の憐昭《りんしょう》や安然に伝えられた。その根底には生身即法身であるという考え方がある。この場合は生身得忍との違いが不明瞭になるのであり、独特の解釈が加えられることになる。そのことには、やや難解な教義が伴うので今は省略する。

そこで、以上のことを前提として、龍女成仏に触れておく。『法華経』提婆達多品に説示される龍女成仏は、変成男子《へんじょうなんし》による南方無垢《むく》世界における成仏が最高潮の場面と捉えられる。しかし、龍女の話は一連の物語とも言える構造になっている。経文に沿って紹介すれば、先ず文殊師利が海中（龍宮）で『法華経』を説き、龍女が刹那の頃《あいだ》に菩提心を発《おこ》して不退転を得て能く菩提に至ったことが記されている。しかし、次の場面である霊鷲山《りょうじゅせん》において、須臾《しゅゆ》の頃に正覚を成じたことに対する不信の念を智積菩薩が表明した時に、文殊や智積の前に龍女が出現する。そして、舎利弗《しゃりほつ》が、女人は仏身を得ることができないとすることを含む、伝統的な五障説を開陳する。その後、龍女は忽然の間に変じて男子と成り、南方無垢世界に往き成仏するのである。それは瑞兆である六反《ろっぺん》の震動（六種震動）を伴うものとなっている。

龍女が描かれるのは、海中（龍宮）、霊鷲山、南方無垢世界の三箇所であり、それらについてそれぞれの意義が説かれることがあるとしても、重要なのは海中と南方無垢世界との関わりである。前者を自行の即身成仏、後者を化他《けた》の即身成仏と分類するような解釈（千観の『即身成仏義私記』）もあるが、天台の解釈（『法華文句』及び『法華文句記』の提婆達多品釈）に基づけば、海中の成仏は生身の成仏、南方無垢世界は権巧《ごんぎょう》を主軸にして、併せて実得（生身）の成仏が説かれているといった理解が可能となる。生身のままの成仏は生身得忍に他ならず、権巧は生身を捨て法身となった龍女が実報無障礙土からこの世界に来て生身の成仏を権《かり》に示現することを意味し、その二義が複雑に交錯しているのである。

ともかく、龍女成仏は日本天台の即身成仏を成立させる一大根拠となる。但し、その解釈はまさに多様であり、中でも生身を捨てることを認めない円仁・安然の教学は独特の教説として、与えた影響も大きい。智顗の教学に戻れば、初住位の成仏について、例えば、『法華玄義』巻五では、「龍女は刹那の頃《あいだ》に於いて、菩提心を発し、等正覚を成ず。」と述べ、これは海中の成仏に基づく表記である。また、大本『四教義』巻一一では、円教の初住位を説く中に、「龍女は刹那の頃に於いて、菩提心を発し、等正覚を成ず。即ち南方無垢世界に往き、道場に坐し法輪を転ず。」と記すのであり、海中から南方無垢世界までを一纏めにして初住位と判じていることが窺える。しかし、湛然門下の道暹《どうせん》が『法華経文句輔正記《ふしょうき》』巻八で、「六根位従《よ》り、即ち南方に往く」と述べ、海中の得道を六根相似位（十信位）と捉えることで連続性を論じたように、智顗の規定のままではない主張が示されることもある。

龍女成仏は吉蔵（五四九～六二三）や基（窺基、六三二～六八二）といった中国仏教の諸師によっても独特の観点から論じられるが、天台では以上のように初住位を基準として教義を立てるのである。とは言え、様々な問題が絡むので多様な議論がなされることになる。

殊に、日本天台では円密一致という基本線がある。その教学については、安然の密教における龍女成仏論に言及しておくことにする。ここで詳しく説明することは控えるが、安然は『菩提心義抄』巻一で龍女が密教（真言門）の三摩地法による成仏であることを力説する。要を言えば、安然は南方無垢世界における成道によって龍女の即身成仏を立論するのであり、海中については「有縁得記《うえんとくき》」と解説する。つまり、龍女は海中においてこれから成仏するであろうという受記を得たと論ずることで、密教義における龍女成仏を南方無垢世界に限定したのである。

南方無垢世界の成仏は『法華経』の所説であり、天台教学における円教の初住位の成仏であることが基本となる。安然の主張は、その円教の初住はそのまま密教（事理倶密教）の初住であると判じたところに特色が見られる。要するに、天台教学では円教の初住が秘密蔵に入る位とすることを前提として、安然は秘密蔵とは事理倶密の境界に他ならないという見識を示したのである。

それが、安然の円密一致による龍女成仏論であり、同じ安然説でも観点を異にする円教の即身成仏論と共に後世に大きな影響を与えることになった。但し、安然が生身の不捨に基づく即身成仏論を確立したことは円密二教に共通する基盤となっている。その意義の解明が後の学匠の課題となったのである。

中でも、中国天台の教学を基盤とする龍女成仏論は、「龍女分極《ぶんごく》」、「龍女権実《ごんじつ》」等、論義における幾つかの算題としても知られ、多彩な議論が交わされた。

第六章

大乗戒独立

天台法華宗年分学生式〈六条式〉

大乗戒壇独立ではなく、大乗戒独立と言うのは、最澄が目指したのは戒壇院建立ではなく、大乗戒による独立が目的であると考えられて来たことによる。但し、結果的には、戒壇院の建立が重要な意義を持つことは言うまでもない。

弘仁九年（八一八）には幾つかの重要な記事が伝わっている。先ず、光定（七七九〜八五八）の『伝述一心戒文』巻上には、二月七日のこととして、次のように記されている。

去《さ》る弘仁九年二月七日、先師の命を承くるに、宗を伝えんが為に、大乗寺を建てん、と。弟子白《もう》さく、大乗寺は此の間《けん》に無し。今頓爾《とんに》に、何ぞ一乗寺を建てん、と。先師命ず、汝に、一乗の号を授けん、と。弟子白さく、未だ大乗寺を建てざれば、彼の間には一乗の号を承けじ。大乗寺を建つれば、彼の時に将《まさ》に一乗の号を承けん、と。先師命ず、天竺に一向大乗寺・一向小乗寺・大小兼行寺有り。者《て》えれば、弟子白さく、此の三寺有らば、将に授くる所の一乗の号を承けん。寺は是れ則ち僧の住所なるのみ。先師は之《これ》を授くるに一乗定の号を以てす。弟子は所授の号を承け畢《おわ》んぬ。

必ずしも明快な文章ではないが、この日に最澄は弟子の光定に、一乗の号（一乗定）を授けることを告げた。それは日本に今までなかった大乗寺、或いは一乗寺を建立することに併せての発言である。なお、この文中に、天竺に一向大乗寺、一向小乗寺、大小兼行寺があるとしていることについては後述する。

また、『叡山大師伝』には、弘仁九年の暮春、つまり三月に最澄が弟子に述べた言葉が載っている。その中に、「今自《よ》り以後、声聞の利益を受けず。永く小乗の威儀に乖《そむ》かん。即ち自ら誓願して二百五十戒を棄捨し已《おわ》れり。」と見出されるのであり、最澄は小乗の威儀である二百五十戒を棄捨したと宣言した。

『伝述一心戒文』巻上には、四月二十三日に、最澄が大乗寺を建立したい旨を藤原冬嗣に伝えたところ、「且《しばら》く須臾《しゅゆ》を待て。」と返答があったと記されている。

その後、五月十三日に「天台法華宗年分学生式《ねんぶんがくしょうしき》」を作成し、奏上した。それは、六条式と呼ばれるように六条からなる。やや長いが、そのまま引用する。六条式の原文は、最澄の親筆が存在する。ここでは六条それぞれにⅠ～Ⅵを附す。

天台法華宗年分学生式一首

国宝とは何物ぞ。宝とは道心なり。道心有るの人を、名づけて国宝と為す。故に古人言《いわ》く、径寸十枚、是れ国宝に非ず。千を一隅に照らす、此れ則ち国宝なり。古哲又《また》云く、能く言って行うこと能《あた》わざるは、国の師なり。能く行って言うこと能わざるは、国の用なり。能く行い能く言うは、国の宝なり。三品の内、唯、言うこと能わず行うこと能わざるを、国の賊と為す。乃ち道心有るの仏子を、西には菩薩と称し、東には君子と号す。悪事を己《おのれ》に向かえ、好事を他に与え、己を忘れて他を利するは、慈悲の極みなり。釈教の中、出家に二類あり。一には小乗の類、二には大乗の類なり。道心（ある）の仏子、即ち此れ斯の類なり。今、我が東州、但、小像のみ有って、未だ大類有らず。大道未だ弘まらざれば、大人興り難し。誠に願わくは、*先帝の御願、天台の年分、永く大類と為し、菩薩僧と為す。然らば則ち*枳王《きおう》の夢猴《むこう》、九位列《つら》なり落ち、*覚母《かくも》の五駕、後の三、数を増さん。斯の心、斯の願、海を汲むことを忘れず。今を利し、後を利して、劫を歴れども窮《きわ》まり無からん。

年分度者二人　柏原の先帝、新たに天台法華宗の伝法者を加う。

Ⅰ凡《およ》そ法華宗天台の年分は、弘仁九年自《よ》り、永く後際を期し、以て大乗の類と為す。其の籍名《しゃくみょう》を除かず、仏子の号を賜加して、円の十善戒を授け、菩薩の沙弥と為す。其の度縁には官印を請わん。

Ⅱ凡そ大乗の類は、即ち得度の年、仏子戒を授けて、菩薩僧と為し、其の戒牒には官印を請わん。大戒を受け已《おわ》らば、叡山に住せしめ、一十二年、山門を出でず、両業を修学せしめん。

Ⅲ凡そ止《し》観業《かんごう》の者には、年年毎日、法華・金光・仁王・守護の諸大乗等、護国の衆経《しゅきょう》を長転《じょうてん》・長講《じょうごう》せしめん。

Ⅳ凡そ遮那《しゃな》業《ごう》の者には、歳歳毎日、遮那・孔雀・不空・仏頂、諸真言等、護国の真言を長念せしめん。

Ⅴ凡そ両業の学生、一十二年、所修所学、業に随って任用せん。能く行い能く言うは、常に山中に住して、衆の首と為し、国の宝と為す。能く言って行わざるは、国の師と為す。能く行って言わざるは、国の用と為す。

Ⅵ凡そ国師・国用、官符の旨に依って、伝法、及び国の講師に差任《しゃにん》せよ。其の国の講師は、一任の内、毎年安居《あんご》の法服の施料は、即《すなわ》ち当国の官舎に収納し、国司・郡司相対して検校《けんぎょう》し、将に国裏に、池を修し溝を修し、荒れたるを耕し崩れたるを埋め、橋を造り船を造り、樹を殖え苧《ちょ》を殖え、麻を蒔き草を蒔き、井を穿《うが》ち水を引きて、国を利し人を利するに用いんとす。経を講じ心を修めて、農商を用いざれ。然らば則ち、道心の人、天下に相続し、君子の道、永代に断えざらん。

右六条の式は、慈悲門に依って、有情を大に導き、仏法世に久しく、国家永く固くして、仏種断ぜざらん。悽悽の至りに任《た》えず。円宗の式を奉り、謹んで天裁を請う。謹んで言《もう》す。

弘仁九年五月十三日　前の入唐求法沙門最澄

＊先帝（せんてい）…桓武天皇のこと。柏原先帝も同じ。

＊枳王の夢猴、九位列なり落ち（きおうのむこう、くいつらなりおち）…『守護国界主陀羅尼経』巻一〇に基づく話。訖哩枳《きりき》王の夢に十匹の獮猴（猿）が現れ、一匹を除く九獮猴は悪沙門に喩えられる。

＊覚母の五駕（かくものごが）…『不必定入定入印経』に基づく。覚母は文殊師利。仏が文殊に羊乗行・象乗行・月日神通乗行・声聞神通乗行・如来神通乗行という五乗行を説き、最澄は後の三種の神通乗行を重んじた。

この六条式と、後述する八条式、すなわち「勧奨天台宗年分学生式」と、四条式、すなわち「天台法華宗年分度者回小向大式」とを「山家学生式《さんげがくしょうしき》」と呼ぶ。

先ず、六条式では、具体的に六条に入る前に序とも言うべき文章があり、そこに「照千一隅」とあることが注目され、議論が積み重ねられて来た。日本天台宗は現在「一隅を照らす運動」を展開中で、それを最澄の言葉としている。すなわち、「照千一隅」の「千」は「于」の字であるとして、「照于一隅」が正しいとしたのである。しかし、最澄は明ら

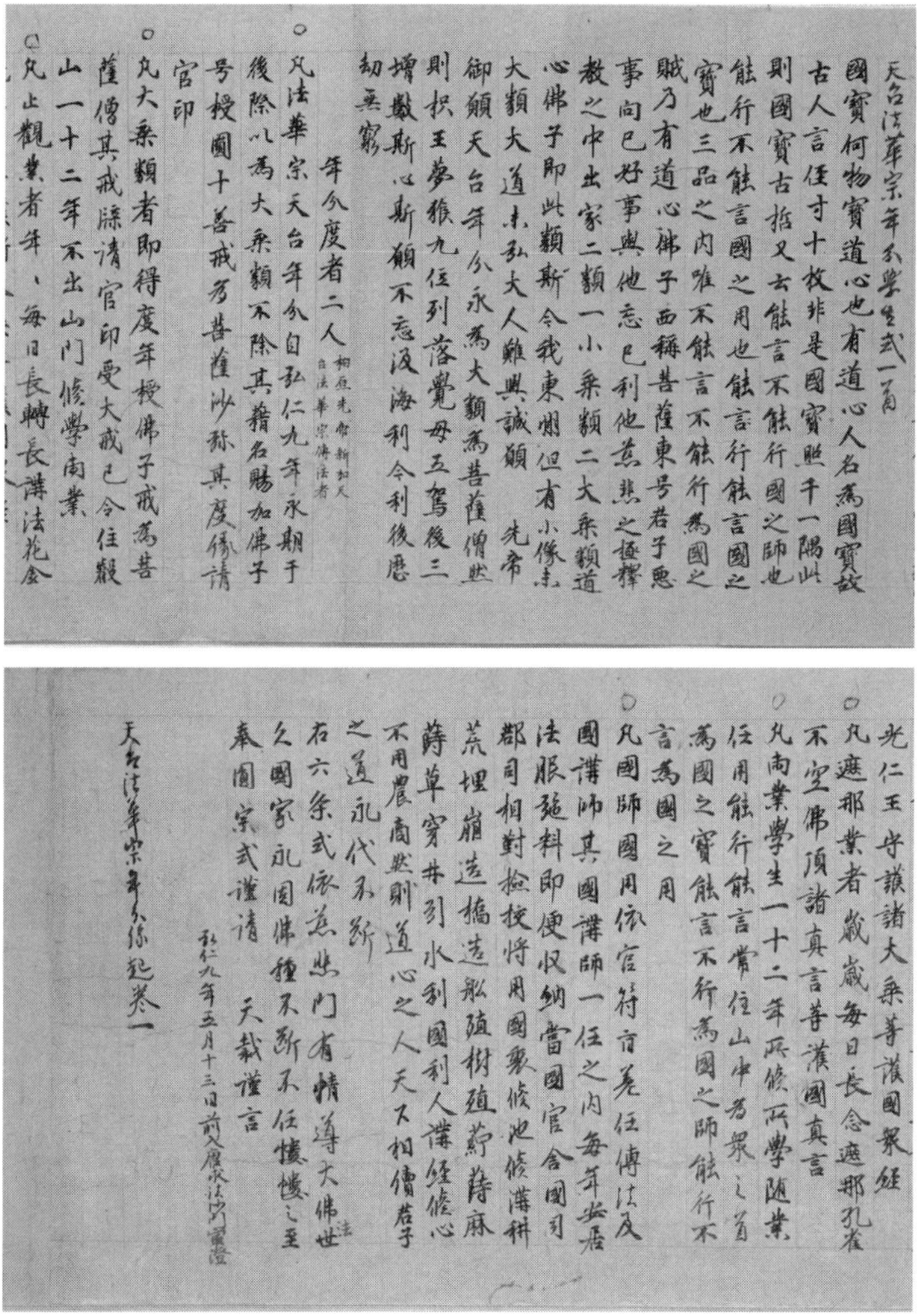

天台法華宗年分學生式一首
國寶何物寶道心也有道心人名為國寶故
古人言径寸十枚非是國寶照千一隅此
則國寶古哲又云能言不能行國之師也
能行不能言國之用也能行能言國之
寶也三品之内唯不能言不能行為國之
賊乃有道心佛子西稱菩薩東号君子悪
事向己好事與他忘己利他慈悲之極釋
教之中出家二類一小乗類二大乗類道
心佛子即此斯類今我東州但有小像未
大類大道未弘大人難興誠願　先帝
御願天台年分永為大類為菩薩僧然
則枳王夢猴九位列落覺母五駕後三
増數斯心斯願不忘汲海利今利後歴
劫無窮
年分度者二人　柏原先帝新加天台法華宗傳法者
凡法華宗天台年分自弘仁九年永期于
後除小為大乗類不除其籍名賜加佛子
号授圓十善戒為菩薩沙弥其度縁請
官印
凡大乗類者即得度年授佛子戒為菩
薩僧其戒牒請官印受大戒已令住叡
山一十二年不出山門修學両業
凡止観業者年年毎日長轉長講法花金
光仁王守護諸大乗等護國衆経
凡遮那業者歳歳毎日長念遮那孔雀
不空佛頂諸真言等護國真言
凡両業學生一十二年所修所學随業
任用能行能言常住山中為衆之首
為國之寶能言不能行為國之師能行不
言為國之用
凡國師國用依官符旨差任傳法及
國講師其國講師一任之内毎年安居
法服施料即便収納當國官舎國司
郡司相對検校将用國裏修池修溝耕
荒埋崩造橋造船殖樹殖紵殖麻
蒔草穿井引水利國利人講経修心
不用農商然則道心之人天下相續君子
之道永代不断
右六条式依慈悲門有情導大佛世法
久國家永固佛種不断不任慺慺之至
奉圓宗式謹請　天裁謹言
弘仁九年五月十三日前入唐求法沙門最澄
天台法華宗年分縁起巻一

国宝　天台法華宗年分学生式〈六条式〉（部分）（滋賀・延暦寺蔵）

かに「千」と書いている。しかも、最澄が「照千一隅」と「国宝」を定義する原拠も明らかになっている。最澄が依拠したのは『史記』を基にした湛然（七一一～七八二）撰『止観輔行伝弘決《ぶぎょう》』巻五之一の一節であることは知られている。

『止観輔行伝弘決』を見れば、「国宝」に「照千里」と「守一隅」の二義があることは一目瞭然であり、「照千一隅」でよいとする研究者が正しいことを証明しているように見える。ところが、「照千一隅」を主張する学者は、この四文字が意味が通るようには読めないとしたのである。しかも、いつ誰が作ったか分からない天台用語である「超八醍醐」を類似した用例として出したりしている。これでは、「照千一隅」を正しいとするとしても、不完全と言わざるを得ないと考える。何となれば、「照千一隅」は特殊な読みをしなくても、一般的な読み方で意味が取れるからである。

どういうことかと言えば、例えば『涅槃経』の「置毒乳中」は、「毒を乳中に置く」という読み方になる。或いは、漢文の一般参考書に出るような、「習礼大樹下」、「出孔子東門」というような表記からも知られよう。つまり、「礼を大樹の下に習う」、「孔子を東門より出す」という読みである。こういった例は枚挙に遑《いとま》がない。そこで、「照千一隅」をどう読むかということになるが、「照千里」と「守一隅」の二つをまとめたものであるから、「千を一隅に照らす」と読める。つまり「一隅にいながら千里を照らす」という意味になる。そして、その「一隅」とは比叡山に他ならないのである。それは、前文に「能く行い能く言う」者が国の宝であることが記され、右の六条式の第五条には、能く行い能く言う国の宝が「常に山中に住して、衆の首と為し」と規定されていることに明らかであろう。ともかく、「一隅である比叡山をしっかりと守り、そこから千里を照らす」という意味は捉えられていたと思うが、これまで「千を一隅に照らす」というような読み方が一考だにされてこなかったことは不思議である。

なお、右記のことから、「千を一隅より照らす」という読み方も可能であることが知られるであろう。意味はほぼ同じであるが、漢文の基本的語法から言えば「千を一隅に照らす」というのは一般的な訓読であり、加えて、「一隅に」の意味するところは「一隅において」や「一隅にいながら」、或いは現代的に「一隅で」と換言可能であるように、単に起点を指すよりは、微妙ながらも「一隅を守る」という原意を含みうるかと考え、「千を一隅に照らす」という読みを提示している。

少々附記すると、一隅とは「片隅」という意味である。最澄において、一隅の語の用例は少なく、三端・三方、つまり他の三隅を対義語とする数例がある以外に、他人に対して用いたものとして、『守護国界章』巻下之中の、「麁食者は、弱冠に都を去り、久しく一隅に居《こ》す。何ぞ蟷螂《とうろう》の肘《ひじ》を抗《あ》げて忽《たちま》ちに一乗の輪を拒むや。誰か有智《うち》の者、汝を憐愍《れんみん》せざらんや。」という表記が挙げられる程度である。ここでは、蟷蜋（蟷螂・螳蜋、かまきり）の斧についての喩えも用い、会津の徳一（麁食者）に向けた批判的な意味合いが漂う。

一方、自身のことを一隅に当て嵌めるならば謙遜の意味が含まれるであろう。そういったことを前提として「千を一隅に照らす」という読みを分析すると、比叡山という一隅において修行することは自行のへりくだった表現となり、それがそのまま「千里を照らす」という化他行になると解釈できる。「照千里」、「守一隅」という二つの動詞で説かれた原拠を、一つの動詞で巧みに表現した名言と言えるのではなかろうか。

このことは、『叡山大師伝』に見られる、弘仁九年（八一八）三月の小乗戒棄捨を伝える箇所に、「九年の暮春を以て、大師は諸弟子等に告げて言く、我、法華円宗の元由を尋ねれば、初めは霊鷲、次は大蘇、後は天台、並びに皆、山に於いて説聴し、修学し、解悟《げご》す。是の故に我が宗の学生、初修の頃《あいだ》は、当に国の為、家の為に、山修山学して、有情を利益して、仏法を興隆すべし。」と記されていることにも通じるものがあると言えよう。山である比叡山で修学（山修山学）することが、衆生の利益に繋がるのである。

前文には、「悪事を己に向かえ、好事を他に与え、己を忘れて他を利するは、慈悲の極みなり。（悪事向己、好事与他、忘己《もうこ》利他《りた》、慈悲之極。）」という利他行の究極とも言うべき、最澄ならではの名言も見られる。

第一条には「円の十善戒」の語が見られ、必ずしも確定的ではないが、『梵網経』の十重戒とする解説がしばしばなされている。「円の十善戒」を授けて菩薩の沙弥と為すと言うのである。

第二条には「仏子戒」の語が見出され、これは『梵網経』の十重四十八軽戒全体のことになる。梵網戒を受けて、止観業と遮那業の何れかの学生となり、比叡山において十二年の修学を行うのである。

第三条と第四条は、それぞれ止観業と遮那業の者が護国のために行う事柄が記されている。止観業は、『法華経』『金光明経』（『金光明最勝王経』）『仁王般若経』という護国三部経に併せて『守護経』（『守護国界主陀羅尼経』）の長転・長講が求められている。遮那業は『大日経』（『大毘盧遮那成仏神変加持経』）『孔雀経』『不空羂索神変真言経』『仏頂尊勝陀羅尼経』といった密教経典の護国真言を長念することが制定されている。

第五条は前に見た通り、国宝の定義にも関わる。能行能言（能く行い能く言う）者は国の宝として常に比叡山に住し、能言不行（能く言って行わざる）者は国の師、能行不言（能く行って言わざる）者は国の用であると言う。こういった規定も、先述した湛然の『止観輔行伝弘決』巻五之一の記述が依拠となっている。

第六条は国師・国用についての規定がなされている。比叡山を離れ、国のために尽力する人材となるのである。国の講師としての毎年の安居の法服の施料を国の官舎に納入し、それが様々な社会活動に用いられることを説きつつも、何をするかといえば、経典を講じ、心を修めることに専念するのである。農耕や商業への従事は否定されている。

最澄は五月十三日の六条式に次いで、五月十五日に「得業《とくごう》学生式」（「比叡山天台法華院得業学生式」）を記した。これは年分度者となる以前の得業学生についての内規とも言うべきもので、年齢は十五歳以上の道心ある童、二十五歳以下の信心ある者とし、止観の得業学生九人、遮那の得業学生九人としている。なお、ここでは『守護経』は『大日経』等と並記されている。

六条式が僧綱に拒絶されたことは、『伝述一心戒文』巻上に、「五月十七日、先師伝宗の札を遣す。良峰右大弁上書して則ち云く、護命《ごみょう》法師等は大乗寺は天竺に無く、亦、大唐にも無く、亦、此の間《けん》にも無しと云えり、と。」と示されるように、護命らの南都僧綱の法師たちが大乗寺の存在そのものを否定していることからも知られるのである。なお、ここに示される伝宗の札（書状）は、必ずしも明らかではないが、六条式のことであるとする見解が示されている。ここに良峰右大弁（良岑安世）が関わっていることは重要である。

また、五月二十一日には「先帝御願の天台年分度者を法華経に随って菩薩の出家と為すを請う表一首」（「請菩薩出家表」）という上表文を奏した。これは六条式と一組の文書であり、親筆が現存する。その中に、「伏して望むらくは、今自《よ》り以後、天台の年分、毎年季春三月十七日、勅使一人を差《つかわ》して、登天の尊霊の奉為《おんため》に、比叡山院に於いて、大乗に依って得度せしめよ。宗の式は別の如し。」と記されるように、毎年、桓武天皇の忌日である三月十七日に、比叡山への勅使の派遣を願い、大乗による得度を認めてほしいと希求するものである。

勧奨天台宗年分学生式〈八条式〉

次に書かれた文書が、六条式から三ヶ月を経過した八月二十七日の日付を持つ、「勧奨天台宗年分学生式」、すなわち八条式である。最初の三条は年分度者に採択される前の得業学生についての条文であり、第四条は両方に関わる。これもやや長いが、Ⅰ～Ⅷを附して、全文をそのまま掲載する。

勧奨天台宗年分学生式

Ⅰ凡そ天台宗得業の学生、数、一十二人と定むるは、六年を期《ご》と為す。一年に二人を闕《か》かば、即ち二人を補す可し。其れ得業生を試《こころ》むるには、天台宗の学衆、倶に学堂に集会し、法華・金光明二部の経訓を試み、若し其の第を得ば、具《つぶさ》に籍名を注し、試業の日、官に申し送らん。若し六年、業を成ぜば、試業の例に預る。若し業を成ぜざれば、試業の例に預からず。若し退闕有らば、具に退者の名、并びに応に補すべき者の名を注して、官に申し替《か》えよ。

Ⅱ凡そ得業の学生等の衣食《えじき》は、各々私物を須《もち》いよ。若し心才如法に、骨法成就すれども、但、衣食具《そな》わらざれば、此の院の状を施し、檀を九方に行じて、其の人に充て行え。

Ⅲ凡そ得業の学生、心性、法に違し、衆制に順《したが》わざれば、官に申し送り、式に依って取り替えよ。

Ⅳ凡そ此の宗の得業の者は、得度の年に、即ち大戒を受けしむ。大戒を受け竟《おわ》らば、一十二年、山門を出でず、勤めて修学せしめん。初の六年は聞慧《もんね》を正と為し、思・修を傍と為す。一日の中、二分は内学、一分は外学《げ》。長講を行と為し、法施を業と為す。後の六年は思・修を正と為し、聞慧を傍と為す。止観業には、具に四種三昧を修習せしめ、遮那業には、具に三部の念誦を修習せしめん。

Ⅴ凡そ比叡山、一乗止観院、天台宗学生等の年分、并びに自ら進む者は、本寺の名帳を除かず。便ち近江の食有る諸寺に入りて、供料《くりよう》を送らしむ。但、冬夏の法服は、大乗の法に依って、檀を諸方に行じ、有待《うだい》の身を蔽《おお》って、業をして退せざらしむ。而今而後（今より後）、固く常例と為す。艸菴を房と為し、竹葉を座と為し、生を軽んじ法を重んじ、法をして久住せしめ、国家を守護せん。

Ⅵ凡そ他宗年分の外、得度受具の者、自ら進んで、住山十二年、両業を修学せんと欲する者有らば、具に本寺、并びに師主の名を注し、明らかに山院の状を取って、須《すべから》く官司に安置すべし。固く一十二年を経竟らば、此の宗の年分者に準じて、例して法師位を賜え。若し式法を闕かば、本寺に退却せしめよ。

Ⅶ凡そ住山の学生、固く一十二年を経て、式に依って修学せば、大法師位を慰賜せよ。若し其の業具せずと雖も、固く山室を出でずして、一十二年を経ば、法師位を慰賜せよ。若し此の宗の者にして、宗の式に順《したが》わず、山院に住せず、或は山に住すと雖も、屢々《しばしば》衆法を煩わし、年数足らざれば、永く官司の天台宗の名を貫除し、本寺に退却せしめよ。

Ⅷ凡そ此の天台宗の院には、俗別当両人を差《つかわ》し、番を結んで検校《けんぎょう》を加えしめ、兼ねて盗賊・酒・女等を禁ぜしめ、仏法を住持し、国家を守護せん。

以前の八条式は、仏法を住持し、国家を利益し、群生を接引《しょういん》し、後生を善に進めんが為なり。謹んで天裁を請う。謹んで言《もう》す。

弘仁九年八月二十七日

第一条は「得業学生式」（「比叡山天台法華院得業学生式」）で、得業学生について、止観の得業学生九人、遮那の得業学生九人としていたことを変更し、十二名の学生としている。六年というのは、止観・遮那各六人の年分度者の候補生ということである。試験は『法華経』と『金光明経』の訓について行われる。ここでは、補闕についても定めている。

第二条は、得業学生の衣食が自費で賄われることが記されている。そして、心身共に優れた人材であるのに、衣食の充足が叶わない場合には、布施を行じてその人に宛がうとする。

第三条は、教えや規制に従うことができない得業学生の処遇についてであり、新しい学生との交換規定である。

第四条は、得業の者が得度の年に大戒を受け、年分度者となって十二年間、比叡山内で修学する具体的内容を示している。十二年の前半は聞慧を得ることを正となし、思慧と修慧を傍となすとして、仏教以外の外学にも及ぶことや、長講を行となし、法施を業となすこと等が規定されている。そして、後半の六年は、思慧と修慧を正となし、聞慧を傍となすと言い、止観業の者には四種三昧、遮那業の者には三部の念誦の修習を義務づけている。

四種三昧とは言うまでもなく、『摩訶止観』に説かれる、常坐三昧・常行三昧・半行半坐三昧・非行非坐三昧のことである。三部の念誦とは、『大日経』に基づく胎蔵界の仏部・蓮華部・金剛部という三部の真言であろう。この第四条の規定は、従来に比べてかなり詳細なものになっている。

第五条は、天台宗の年分度者と、自ら比叡山で修学することを望む者の生活に関わる規定である。本寺の名帳を除くことなく、近江国の食封《じきふ》を有する寺院から供料を送らせる。但し、冬夏の法服は大乗の法に依る布施を行ずることで得て、修行を継続するとしている。更に、草庵の房、竹葉の座で生活し、国家を守護することを主張している。

第六条は、他宗の年分度者以外の、得度・受戒した者が、自ら進んで十二年の止観・遮那両業の修学を欲する場合の規定である。本寺と師主の名を明記し、比叡山、一乗止観院の書類を取って、官司に安置する。そして、十二年を経過したならば、天台宗の年分度者に準じて、法師の位を与えてほしい。もし、式の規定に違うようなことがあれば、本寺に退却させるとしている。

第七条は、十二年間、比叡山で式に依って修学した者には大法師位を賜ることを願い、また、その修学が不完全であっても十二年を全うした者には法師位を賜ることを願う内容になっている。それ以外の者は、書類上も官司から除外し、本寺に退却させるとする。

第八条は、俗人の別当二人を派遣して、監督業務に任命することを望み、併せて、盗賊を防止し、酒や女人を禁ずることを要望している。それは、仏法を住持し、国家を守護するためであると言う。

以上が、八条式の内容である。『伝述一心戒文』には、八条式奏上の様子を伝える記述が見出されないので、比叡山内外の動向はよく分からない。しかしながら、最澄の構想がより深化していることが知られるであろう。

天台法華宗年分度者回小向大式〈四条式〉

『伝述一心戒文』巻上には、翌、弘仁十年（八一九）三月三日と三月二十一日の記事が並記されている箇所がある。先ずは三日の内容を紹介しておく。

三月三日に、最澄は光定（七七九～八五八）に、大乗戒を建立するため、野寺（常住寺）にいる護命（七五〇～八三四）のところに往くように命じた。それは、護命の署名を請うためであったが、光定は大乗の伝戒の成・不成は天子にあって護命にはないので、護命の署名を請わない方がよいことを述べた。そして、体身を惜しまないとする最澄に対して、光定は良峰右大弁（良岑安世）の考えを聞くことを提唱したところ、最澄はどうするかを光定に任せると述べたと言う。

その後、二十一日に良峰右大弁のところに参じたことが記されているのである。二十一日というのは「天台法華宗年分度者回小向大式」、すなわち四条式の奏上後になってしまい、日付上の齟齬が生じてしまうので、一般にそれ以前のこととして修正して考えられている。現存する『伝述一心戒文』は必ずしも善本ではないので、誤写である可能性はあろう。ともかく、そこには、二十一日に良峰右大弁のもとに参じ、「此の書」を見せたところ、その書を護命に届けないようにとのことであった。ここにおける「此の書」は四条式ではなく、護命に宛てた書信と考える方がよいかもしれない。そして、良峰右大弁が、「伝戒の事は、天子に在り。勅有る時を待つのみ。」と述べたと記していることから言えば、四条式の奏上時、もしくは奏上後の早い時期のことと考えられなくもない。なお、『伝述一心戒文』では、その後に「比叡山の小釈最澄、元興大僧都の足下に稽首和南す。国家を済《すく》わんが為に、回小向大式に、署を請う状。」として、最澄から護命に宛てた書信を収めている。ともかく、この手紙は護命のところには届けられなかった。

そこで、四条式について紹介する。

天台法華宗年分度者回小向大式《えしょうこうだいしき》

合せて肆《し》条

Ⅰ凡そ仏寺に三有り。

一には、一向大乗寺　初修業《しゅごう》の菩薩僧の住する所の寺

二には、一向小乗寺　一向小乗の律師の住する所の寺

三には、大小兼行寺　久修業の菩薩僧の住する所の寺

今、天台法華宗の年分学生、並びに回心向大の初修業の者は、一十二年、深山の四種三昧院に住せしめ、得業以後、利他の故に、小律儀を仮受《けじゅ》せば、仮に兼行寺に住することを許す。

Ⅱ凡そ仏寺の上座に、大・小の二座を置く。

一には、一向大乗寺　文殊師利菩薩を置き、以て上座と為す。

二には、一向小乗寺　賓頭盧《びんずる》和尚を置き、以て上座と為す。

三には、大小兼行寺　文殊と賓頭盧との両《ふたつ》の上座を置き、小乗の布薩の日には、賓頭盧を上座と為し、小乗の次第に坐し、大乗布薩の日には、文殊を上座と為し、大乗の次第に坐す。此の次第の坐は、此の間《けん》に未だ行われず。

Ⅲ凡そ仏戒に二有り。

一には、大乗の大僧戒　十重四十八軽戒を制し、以て大僧戒と為す。

二には、小乗の大僧戒　二百五十等の戒を制し、以て大僧戒と為す。

Ⅳ凡そ仏の受戒に二有り。

一には、大乗戒。

普賢経に依って、三師証等を請ず。

釈迦牟尼仏を請じて、菩薩戒の和上と為す。

文殊師利菩薩を請じて、菩薩戒の羯磨阿闍梨と為す。

弥勒菩薩を請じて、菩薩戒の教授阿闍梨と為す。

十方一切の諸仏を請じて、菩薩戒の証師と為す。

十方一切の〔諸〕菩薩を請じて、同学等侶と為す。

現前の一《ひと》りの伝戒師を請じて、以て現前の師と為す。若し伝戒の師無ければ、千里の内に請ず。若し千里の内に能く戒を授くる者無ければ、至心に懺悔して、必ず好相を得、仏像の前に於いて、自誓受戒せよ。

今、天台の年分学生、并びに回心向大の初修業の者には、所説の大乗戒を授けて、将に大僧と為さん。

二には、小乗戒。

小乗律に依って、師には現前の十師を請じて、白四羯磨《びゃくしかつま》す。清浄持律の大徳十人を請じて、三師七証と為す。若し一人を闕かば、戒を得ず。

今、天台の年分学生、并びに回心向大の初修業の者には、此の戒を受くることを許さず。其の久修業を除く。

竊《ひそ》かに以《おもんみ》るに、菩薩の国宝は、法華経に載せ、大乗の利他は、摩訶衍《まかえん》の説なり。弥*天の七難は、大乗経に非ざれば、何を以てか除くことを為さん。未然の大災は、菩薩僧に非ざれば、豈《あ》に冥滅《みょうめつ》することを得んや。利他の徳、大悲の力は、諸仏の称《たた》うる所、人天歓喜す。*仁王経の百僧は、必ず般若の力を仮り、*請雨《しょうう》経の八徳も、亦、大乗戒に屈す。国宝・国利、菩薩に非ずして誰ぞや。仏道には菩薩と称し、俗道には君子と号す。其の戒広大にして、真・俗一貫す。故に法華経に、二種の菩薩を列ぬ。文殊師利菩薩・弥勒菩薩等は、皆、出家の菩薩なり。跋陀婆羅等の五百の菩薩は、皆是れ在家の菩薩なり。法華経の中には、具に二種の人を列ね、以て一類の衆と為す。比丘の類に入れず、以て其の大類《イ数》と為す。今此の菩薩の類は、此の間《けん》に未だ顕伝せず。伏して乞《こ》う、陛下、維の弘仁の年自り、新たに此の大道を建て、大乗戒を伝流して、利益せられよ。而今而後（今より後）、固く大鐘の腹に鏤《ちりば》めて、遠く塵劫の後に伝えん。仍《よっ》て宗の式を奉り、謹んで天裁を請う。謹んで言す。

弘仁十年三月十五日

前の入唐天台法華宗沙門最澄上

＊**弥天の七難**（みてんのしちなん）…『顕戒論』巻中で『仁王護国般若波羅蜜多経』巻下、奉持品に基づき、日月難・星宿難・衆火難・時節難・大風数起難・天地亢陽難・四方賊来難という七難を挙げる。

＊**仁王経の百僧**（にんのうぎょうのひゃくそう）…『仁王護国般若波羅蜜多経』巻下、護国品に基づく。国土が乱れんとする時には、百人の法師にこの経典を解説させることで、災難が消滅すると説く。『顕戒論』巻中。

＊**請雨経の八徳**（しょううきょうのはちとく）…不明。なお、那連提耶舎訳『大雲輪請雨経』巻下には、「八人の実行力の故に、諸々の龍王をして閻浮提に於いて、雨を国内に請い、大雨を降り澍《そそ》がしむ。莎呵」とあり、闍那耶舎訳『大方等大雲経』請雨品第六十四には、「八人の実行力の故に、諸々の龍王をして閻浮提に於いて、大雨を降り注がしむ。莎波呵」と見られる。

弘仁十年三月十五日に、四条式と「大乗戒を立つることを請う表」（「請立大乗戒表」）とを殿上に届けたのは光定であった。ここに掲げた四条式の内容は、寺院と戒律について、最澄の考えを明確に表したものであり、天台法華宗の年分度者と回小向大の語を標題に掲げている。大乗寺と大乗戒に自身の思いを込めた四条である。

第一条は、寺に一向大乗寺・一向小乗寺・大小兼行寺という三種があることを示している。一向大乗寺は比叡山のことであり、天台法華宗の年分学生と回心向大の初修業菩薩僧が四種三昧院で十二年間修行する。十二年を修了した得業者は、小乗の律義を仮受して大小兼行寺に住することを許可するとしている。三種の寺院については、『顕戒論』巻上の第二篇第一で詳述されることになる。最澄が注目したのは、玄奘（六〇二〜六六四）の『大唐西域記』や義浄（六三五〜七一三）の『南海寄帰内法伝』であった。

第二条は、仏寺の上座に大小の二座を置くのであり、一向大乗寺は文殊師利、一向小乗寺は賓頭盧、大小兼行寺はその二つの上座を置くとする。大小兼行寺については、大乗と小乗の布薩で分けることになる。このことは、『顕戒論』巻中で論じられている。特に、一向大乗寺に文殊を置くことについて、天下の寺の食堂《じきどう》の中に文殊上座を置くことを記している『不空表制集』（『代宗朝贈司空大弁正広智三蔵和上表制集』）は重要な根拠となっている。『不空表制集』は空海から借りた書籍の一つであった。

第三条は、仏戒の二種を挙げる。『梵網経』の十重四十八軽戒を大乗の大僧戒、『四分律』の二百五十戒等を小乗の大僧戒とする。これは、既に見て来た通りである。

第四条は、大乗と小乗の受戒である。日本仏教における授戒は、鑑真の来日で正式な具足戒（二百五十戒）の授与が可能になった。三師七証による授戒作法が一般的なもので、最澄の主張は、特殊なものであった。三師とは、戒和尚・羯磨《かつま（こんま）》師（羯磨阿闍梨）・教授師（教授阿闍梨）のことで、最澄が主張する大乗の受戒では、釈迦牟尼仏・文殊師利菩薩・弥勒菩薩を三師として請ずるとしている。そして、七証に当たるのが十方一切の諸仏であるとする。つまり、現前の十師を必要としないのであり、伝戒の師は一人の現前の師でよいと言う。更に、伝戒の師がいなければ、千里の内に請じ、それでも見つからなければ、至心に懺悔し、仏の好相を得て、仏像の前で自誓受戒するように述べている。

四条の後には、大乗経に依らなければ七難を除くことができず、菩薩僧でなければ未然（まだ起こっていない）の災いを防ぐことができないことを述べている。また、大乗戒は真俗一貫の戒であり、出家と在家の二種の菩薩に通じる戒であることに併せ、二種の菩薩はともに菩薩という一類であることが説示されている。

最澄は四条式と同日付の上表文「大乗戒を立つることを請う表」（「請立大乗戒表」）を提出した。その上表文は、『伝述一心戒文』巻中や『叡山大師伝』で確認できる。そこには、ここまで述べて来たことが簡略に示されている。例えば、文殊師利と賓頭盧の上座は別であることや、一師と十師による受戒では羯磨（作法）が全く異なること、或いは、桓武天皇の忌日である三月十七日に出家させるのが菩薩沙弥であり、そして菩薩の大乗戒を授ければ菩薩僧となること等が記されている。

『顕戒論』奉呈

弘仁十年（八一九）三月十五日、光定は最澄の命に従って、『称讃大乗功徳経』一巻、『説妙法決定業障経』一巻、『大方広師子吼経』一巻という国忌大乗三部の経典とともに四条式を宮中に届けたことが『伝述一心戒文』巻上によって知られる。その後、何の連絡もないので光定は鬱結（ふさぎこむ）していたが、十七日夕方になっても勅答がないので、藤原冬嗣を通じて嵯峨天皇に尋ねてもらった。

すると、天皇は、僧綱らが道が有ると判定すれば許可を与えるし、道が無いと言うならば許可を与えない旨を述べた。そして、四条式の文を、玄蕃寮頭の真苑宿禰雑物《まそののすくねさいもち》（玉作雑物）に賜り、雑物は宣旨を承けて護命に告げた。僧綱らは七大寺に告げ見解を求めた。『伝述一心戒文』にはその後、七大寺の大法師らが、一乗戒というものは無いし、菩薩僧も無く、最澄の奏状には道理が無いと述べたこと、そして、各々の状を殿上に届け、それらの状が真苑雑物から天皇に渡されたことが記されている。

なお、『伝述一心戒文』巻中によれば、光定は三月二十日に最澄の命により、護命のところに赴いている。それは、「国家を済《すく》わんが為に、廻小向大式に、署状を護命僧都に請う。」というように、護命に署名を求めるものであった。前記した、三月二十一日の記事に問題があることは、このことからも首肯される。護命は、「大唐に菩薩僧無し。亦、別受の菩薩僧も無く、通受の菩薩僧有り。」と述べ、大唐に最澄の言う菩薩僧はないとした上で、別受の菩薩僧はなく、大小通受の菩薩はあるとしている。

このように、最澄の主張は認められることはなく、一蹴されたのである。あまり時を経ずして、各々の状は右大弁の良岑（良峰）安世から七大寺の法師らに返却された。右大弁は、その理由を、四条式の文は護命らに賜ったもので、七大寺の法師らに賜ったものではないと説明したという。そこで、護命らは表と啓詞を作って、七大寺の法師らの状とともに殿上に届けることになる。

最澄は光定と藤原是男《これお》の助力で、それらの文書を見て、弘仁十年（八一九）に『顕戒論』を著すことになる。最澄が文書を入手した日は二種類の「上顕戒論表」に十月二十七日のことであると記されている。南都諸寺の書状は、後の弘仁十二年（八二一）三月に史記官に進上された『顕戒論縁起』巻下に収められていたと考えられるが、同書巻下は目次が残るだけである。

その目次では、法隆寺以外の、西大寺・東大寺・大安寺・薬師寺・山階寺《やましな》（興福寺）・元興寺という南都の六大寺が僧綱に進上した牒があったことを示している。また、その巻下の目次には「南都東大寺進景深和上論一首」とあり、分かりにくい表記ではあるが、景深（生没年不詳）が著した『迷方示正論』ではないかと推定されている。

弘仁十一年（八二〇）二月二十九日、最澄は『顕戒論』三巻と前年十二月に撰した『内証仏法相承血脈譜』一巻に「上顕戒論表」（再治）を添えて、朝廷に進上した。『顕戒論』巻上「雲を開きて月を顕す篇第一」には、弘仁十年（八一九）五月十九日の日付を有する護命ら僧綱の上表文が載っているので、記しておく。なお、『顕戒論』では、最澄の反論である「重ねて箴《しん》し重ねて弾ず」が適宜織り込まれているが、ここでは上表文のみを掲げる。

大日本国六統表

僧最澄が奉献せる天台の式、并びに表は、教理に合わざるを奏する事

沙門護命等謹んで言《もう》す。

沙門護命等は聞く。式を立てて民を制するは、必ず国主に資《よ》り、教を設けて生を利するは、良《まこと》に法王に在り。

国主の制に非ざれば、以て遵行すること無く、法王の教に非ざれば、以て信受すること無し。

故に仏自ら戒を制す。菩薩等に非ず。

仏が在世の時は、弟子が諍《あらそ》うこと無し。正・像至るに及んで、異見競い起こり、遂に弱植の徒をして、偽弁に随って以て長く迷わしめ、倒置の倫《ともがら》をして、邪説を遂《逐カ》げて永く溺れしむ。

所以《ゆえ》に四依《しえ》の菩薩は、論を造って宗を会し、三乗の賢聖《げんじょう》は、教に順《したが》って旨を述ぶ。

漢の明帝が、永平三年、夢に金人を見ること有りし自《よ》り以来《このかた》、像教東に流れて、霊瑞《りょうずい》一に非ず。

摩騰・法蘭は、聖旨を前に導き、羅什・真諦《しんだい》は、微言《みごん》を後に闡《ひら》く。

玄奘・義浄は、久しく西域を経《めぐ》り、聞く所見る所、具《つぶさ》に漢地に伝う。

我が日本国、志貴嶋宮御宇天皇、歳《ほし》戊午に次《やど》る（とき）、百済の王は、仏法を奉渡す。

聖君の敬崇、今に至って絶えず。

入唐の学生、道照・道慈等は、往きて明師に逢い、学行抜萃《ばっすい》なり。天竺の菩提*、唐朝の鑑真等は、徳を感じ化に帰して、遺教を伝通す。是の如き人等、徳は時に高きも、都《すべ》て異議無し。

而して僧最澄は、未だ唐都を見ず。只、辺州に在って、即便《すなわ》ち還り来り、今私に式を造り、輙《たやす》く以て奉献す。

其の文浅漏にして、事理詳かならず。
法門を紊乱《びんらん》するのみに非ず、兼ねて復、令条に違す。
誠に須《すべから》く僧身を召対し、教に依って論定すべし。
然らば則ち、玉石は貫を異にし、清濁は流れを分かたん。
敢て愚見を以て、軽々しく威厳に触れ、伏して惶恐を増す。謹んで言す。
弘仁十年五月十九日

大僧都伝灯大法師位　護命
少僧都伝灯大法師位　長慧
少僧都伝灯大法師位　狭山池所に在り
律師伝灯大法師位　施平
律師伝灯大法師位　豊安
律師伝灯大法師位　修円
律師伝灯大法師位　泰演

＊菩提（ぼだい）…菩提僊那（七〇四〜七六〇）。天竺の僧。七三六年、道璿らと共に来日。東大寺大仏殿開眼供養の導師となった。

右に六人の僧統（僧綱）による上表文を、『顕戒論』に基づいて改行して抽出した。最澄は改行した記述それぞれに論駁を加えている。最後に記される三番目は勤操《ごんそう》のことであり、その場にいなかった。最澄の構想を直接述べた四条式は僧綱たちには認められるものではなかった。それを覆すために撰述したのが『顕戒論』三巻であり、先ず六統表に反論したのである。

幾つか要点を紹介すると、護命らが六統表で、教を設けて衆生を利するのは法王であると述べることについては、最澄は『梵網経』の盧舎那仏が法王であることを言う。従って、六統表に「仏自制戒」と記されることについても、五十八戒（十重四十八軽戒）が盧舎那仏が自ら制定した戒であるとする。

また、仏在世の時には、弟子たちが諍うことはなかったという主張には、提婆達多や善星を挙げて反論している。

仏教の東流については、中国と日本の両方について、特に伝来の年代を議論している。このことは決着をつけることが困難な問題であったと思われるが、中国への伝来については、六統表で後漢の明帝が永平三年（六〇）に夢に金人を見たこと（明帝感夢求法）を根拠にしたことへの反論となっている。すなわち、最澄は、永平三年説が法琳の『破邪論』に基づくもので、『開元釈教録』（『開元録』）や『貞元新定釈教目録』（『貞元録』）では明帝の夢見は永平七年（六四）であると言う。また、僧統は日本への仏教公伝が志貴嶋宮御宇天皇（欽明天皇）の戊午（五三八）の年に百済王からなされたと記していることに対して、最澄は『元興寺《がんごうじ》伽藍縁起并流記《がらんえんぎならびにるき》資材帳』に基づく五三八年（戊午）説を否定して『日本書紀』に依拠すべきであるとする。この問題は、『元興寺伽藍縁起并流記資材帳』や『上宮聖徳法王帝説』が欽明天皇の戊午（五三八）の年、『日本書紀』が壬申（五五二）の年という二説あることから、現在まで様々に論じられて来たが、『日本書紀』に不備があることは知られている。最澄としては「実録」としての『日本書紀』を尊重したのである。

更に、僧統が日本の入唐学生であった道照や道慈、或いは天竺の菩提僊那や唐朝の鑑真を挙げることに対して、最澄はその時代にはまだ文殊上座の制はなかったとしている。そのことは、その前の鳩摩羅什と真諦についても同様で、大乗と小乗の両方を中国に伝えたとしてもやはり制度がなかったとしている。

僧統が、最澄の入唐求法に対して、唐の都を見ず、ただ辺州に行って来ただけであるとすることについては、自身の相承の正統を力説することで反論を行っている。その中には、中世に展開した天台本覚思想における口伝法門で尊重された、「和上慈悲、一心三観、伝於一言」という、道邃が慈悲をもって一心三観を一言で伝えたことを述べる記述も見られる。また、順暁からの伝法については、鏡湖東岳の峰山道場で両部灌頂を授かり、種々の道具を与えられたことを誇っている。最澄が順暁から受けた灌頂は、空海が恵果から受けたような純然たる両部の灌頂ではなかったが、空海との交流を経て、最澄が密教についての理解を深めていった結果の主張であったと考えられる。順暁が授けた密教には、確かに胎金両部に亙る要素が含まれているからである。最澄は『内証仏法相承血脈譜』の、「胎蔵金剛両曼荼羅相承師師血脈譜」でも、順暁から胎蔵と金剛それぞれを授かったと記している。

『顕戒論』の冒頭には帰敬偈が載せられ、それは「稽首す十方常寂光　常住内証の三身仏　実報・方便・同居の土　大悲示現す大日尊」と始まっている。これは、天台宗の仏身(三身)・仏土(四土)論の精髄とも言える表記ではあるが、具体的な意味は分かりにくい。大日尊という言い方については、中国天台の用語ではないが、中国天台では円教の教主を毘盧遮那仏と捉え、その所居の土を常寂光土とするのが基本説であるので、密教の大日如来と置き換えることは可能である。「内証三身」というのは、最澄が独自の観点から主張した「無作三身」と通じるところがあるように思われるが、今は措く。

『顕戒論』のその後の構成は、目次があり続けて本論に入る。巻上は、「雲を開き月を顕す篇第一」と「三寺有る所の国を開顕する篇第二」との二篇より成り、第二篇は十三明拠が示される。第一篇は、前に触れたように、僧綱の上表文(大日本国六統表)、及びそれに対する最澄の反論が中心になっている。第二篇以後は、僧統の上奏文も引用しながら、諸文献を引用しつつ自説を展開する。

第二篇「三寺有る所の国を開顕する篇第二」は四条式の第一条に、寺に一向大乗寺・一向小乗寺・大小兼行寺という三種があることを示していたことを、特に玄奘の『大唐西域記』で論証し、その後に十三明拠を開示する。それらの中には、聖徳太子（上宮）や行基（六六八〜七四九）への言及もある。

『顕戒論』巻中は「文殊上座を開顕する篇第三」、「大乗の大僧戒を開顕する篇第四」、「大乗戒を授けて大僧と為すを開顕する篇第五」であり、第三篇と第四篇、及び第五篇の途中までとなっている。

第三篇は四条式の第二条に基づき、文殊上座の正当性を論じている。先ずは、僧統が文殊上座に経文なしとすることに反論を述べ、第十四から第十八までの五明拠を開示する。

第四篇は「大乗の大僧戒を開顕する篇第四」であり、四条式の第三条に当たる。大乗の大僧戒に疑義を申し立てる僧統に対して、『梵網経』の十重四十八軽戒が出家の大僧戒であることを先ず述べ、以下、第十九から第三十までの十二明拠を開示して、菩薩僧や大乗の出家についての意義を主張している。

第五篇の「大乗戒を授けて大僧と為すを開顕する篇第五」は四条式の第四条を宣揚する

ものであり、二十八明拠という広汎な視点からの主張を展開している。二十八明拠の第三十一から第四十二までは『顕戒論』巻中、第四十三から第五十八までは同巻下に収載されている。

幾つかの特色を挙げるならば、第三十三明拠は「仮名《けみょう》の菩薩が災を除き国を護る明拠を開示す三十三」というものであり、護国について詳しく論じている。その中で、聖位の菩薩だけでなく、仮名《けみょう》の菩薩（凡位の菩薩）が災を除き国を守ることを述べている。但し、五濁《ごじょく》の正災は諸仏であっても滅することはできないが、五濁の邪災は仮名も亦能く除くとしている。護国に関しては、遮那業と止観業の両業についての言及もあり、密教については持念真言者、大悲胎蔵業といった用語が見られる。

また、『諸法無行経』の尊重もその特色と言えるもので、「未だ音声《おんじょう》法門に入らざれば障礙の罪を犯《ぼん》ずる明拠を開示す五十五」では同経巻下より長文を引いている。その中に、喜根という菩薩比丘と勝意という比丘法師の話が説かれ、喜根は少欲知足等を称讃せず、諸法実相のみを説き、一方の勝意は禁戒を護持し、喜根を誹謗した。その結果、勝意は地獄に堕したという。その喜根が説いた偈文の中に、「貪欲《どんよく》は是れ涅槃、恚《い》・痴《ち》も亦是の如し。是の如き三事の中に、無量の仏道有り。若し人有って貪欲・瞋恚《しんに》・痴を分別せば、是の人は仏道を去ること、譬えば天と地との如し。菩提と貪欲と、是れ一にして二に非ず。

皆、一法門に入り、平等にして異なり有ること無し。」という教義が見られるのである。これは、貪・恚・痴という三毒が涅槃に他ならず、そこに無量の仏道が有ることを説くものである。「煩悩即菩提、生死即涅槃」と同様、大乗仏教ならではの教説であり、本覚思想の基底とも言える記述である。最澄は僧綱に対して、この経文を提示したのである。なお、この『諸法無行経』の記述に関わる議論は『守護国界章』巻上之中にも見られ、徳一との論争でも扱われている。

さて、最澄の『顕戒論』に対して、最澄の在世中には十分な評価を得られなかったというのが実状であったと考えられる。『伝述一心戒文』巻上に依れば、光定は藤原是男の曹《ぞう》司《し》（執務所）に参上し『顕戒論』や『内証仏法相承血脈譜』を届けた。その後、藤原是男は嵯峨天皇に奉上して、天皇に「若し事が成るならば『論』を殿上に留め、若し事が成らないならば、光定に持たせて比叡山に返送させる」ことを告げた。すると嵯峨天皇は道が有るならば許可を与えるし、道が無いならば許可を与えない旨を述べた。これは、四条式を奏上した時と同じである。なお、やや表記は異なるが、類似した内容が、『伝述一心戒文』巻中でも確認できる。

『伝述一心戒文』巻上には、続けて「顕戒の論は、殿上に達すと雖も、三年を歴るも、而も成らず。先師の病は、数日を歴るも、而も痊平《せんぺい》せず。戒の事成らず。先師の病は、倍ている。

倍之を増す。」とあり、三年の間、何の連絡もないことが記され、最晩年の記述へと続いている。

『顕戒論』を上申した弘仁十一年（八二〇）には、撰述した月日は不明であるが『決権実論』一巻、弘仁十二年には『法華秀句』三巻を著しているので、徳一との論争も継続していた。その、弘仁十二年三月に、『顕戒論縁起』二巻を史記官に進上した。大乗戒独立に関する巻下は現存しないが、巻上に、入唐に関する貴重な文書が収められていることは既に述べた通りである。

ともかく、『顕戒論』の可否は決着を見ないままになっていたのである。そのような中、弘仁十三年（八二二）二月十四日、最澄は僧位の最高位である伝灯大法師位を授与された。『叡山大師伝』には、嵯峨天皇から宸筆を賜ったことを、「又、十三年二月十四日、勅して伝灯大法師位を施与せらる。此れ実に手詔の宸筆なり。以て後代の珍と為す。」と記している。

〈コラム6〉最澄の言葉

本書では、随所に最澄の言葉を紹介している。通説とは異なった見解を示しているものもあるので、代表的なものについて、読者の便のために私見を幾つかを記しておくことにしたい。

千を一隅に照らす（照千一隅）

従来の読み方についての修正を試みたものに、「照千一隅」があり、これは「一隅を照らす」ではなく、「千を一隅に照らす」という読み方に妥当性があることを述べた。『叡山大師仏』で山修山学の意義を述べていることは、山での修行や学問が、そのまま人々を救うことになると主張しているのであり、一隅である比叡山を守ることが、千里を照らすことに繋がると考えることは穏当であろう。この訓読が、漢文の語法として問題がないことは、本文中で述べた通りである。山での祈りの力に期待を寄せることは、現在にも通じている。但し、日本天台宗による「一隅を照らす運動」は現代的な志向を示すものであり、原典の読み方に問題はあるとしても、優れた活動として成果を収めている。（第六章の「天台法華宗年分学生式〈六条式〉」参照）

人が道を弘める

光定の『伝述一心戒文』の中に、「道（は）人を弘め、人（は）道を弘む。道心の中に衣食《えじき》有り。衣食の中に道心無し。（道弘人、人弘道。道心之中有衣食矣。衣食之中無道心矣。）」とあることも、最澄の言葉として尊重されている。虚心坦懐に読むと、前半の「道（は）人を弘め、人（は）道を弘む。」の箇所は、「人が道を弘める」ことについての主張は問題ないが、冒頭の「道が人を弘める」という言葉が落ち着かないのである。その後に続く表現が、肯定文と否定文の組み合わせであることから推せば、本来は『論語』（衛霊公）の、「子曰く、人能く道を弘む。道、人を弘むるに非ず。（子曰、人能弘道。非道弘人。）」という名言が置かれていたことが想定されるのである。人による実践を尊重するこの名言は、最澄が唐土で陸淳から、「道を弘むるは人に在り。人能く道を持す。（弘道在人。人能持道。）」と伝えられた言葉にも通じる。この『論語』の「人が能く道を弘める。道が人を弘めるのではない。」という名言は内容が改変されることなく、中国の仏教者たちに重んじられ、古代の日本でも知られていた。私見を述べれば、何らかの事情により、本来は「人能弘道。非道弘人。」であったものが、誤って伝えられたのではないかということである。私は、『山家の大師 最澄』を編集した時には、「あとがき」において『伝述一心戒文』の「道弘人、人弘道。」という箇所を、敢えて「道は人に弘め、人は道を弘む。」と読んでみた。漢文の訓読において、「を」と「に」の読み方は重要であり、この点については、必ずしも十分な注意が払われていないのが実状である。いずれにせよ、名言・格言の類いは、片言であっても、同様の教養を持つもの同士が互いに通じ合えることに意義があり、本来の文意を正しく伝えなければ荒唐無稽な議論に堕することになる。因みに、塩入亮忠氏はその著『伝教大師』では、該当箇所を「道は人に依ってのみ弘まる、人が無ければ弘まらぬ。」と訳しているのであり、意訳ではあるが、「人」に重点を置いている。『論語』の原文を念頭に置いているかのような口吻であり、興味深い。なお、最澄が重んじた「道心」という語の「道」は、中国において「菩提（bodhi）」の翻訳語として採択されたものである。中国語に、新たな深遠な意味が含まれることになったと言える。「仏道」と言う場合も、菩提（悟り）という意味が重要である。（第三章の「陸淳と道邃」参照）

常平等・常差別《しゃべつ》

円教の即身成仏が龍女成仏によって語られることについては、〈コラム5〉でも要点を記したが、最澄の段階では身体の捨・不捨の義は龍女の変成男子によって論じられた。要するに、有る人が変成男子《へんじょうなんし》は身体の取捨があることを主張したのに対して、最澄は常平等・常差別の義が同時に存するという見解を示したのである。ここで、何よりも注目すべきは、常平等・常差別という名言を用いたことである。そして、それは、一方を強調するものではなく、常平等の方からは取捨がないという意味になる。変成男子の義は、女身が男身に変ずることであるので、生身を捨て法身を得ることとは内容が異なっている。従って、このことに関する最澄説は、後世にそのまま継承されることはない。しかも、最澄は、その主張の根拠を明示することはなかった。

実は、それらの名言は、南岳慧思の撰とされる『大乗止観法門』に見出されるのである。円珍(『法華論記』)によると、慧思の撰として『大乗止観法門』の同文を活用するが、最澄は本書の著者や書名に触れることなく依用した。その理由は不明である。ともかく、『大乗止観法門』では常平等の語に基づいて、一切衆生も全てが仏であることを説くわけではなく、衆生も仏もないという相対性の排除に依る観点から発言しているである。

また、それとは別に、最澄には、徳一との論争において、諸仏に対して常平等と常差別の両面から論じていく場面があり、『守護国界章』に見られるその見解は、やはり何も言わずに『大乗止観法門』の別の箇所に依拠したと思われる。『守護国界章』では、一切諸仏が常同・常別であることを説き、最澄はそれぞれに一切即一と一即一切の義を当て嵌めて、両義性の主張により徳一を論破した。このように、『大乗止観法門』と同じ論法によって、両面性に着眼する主張をなすことは、最澄の思想的特色の一つと言えるのではなかろうか。

常平等・常差別が名言であるのは、私達の日常においても、様々な場面において、その両義がそのまま当て嵌められるからである。（第五章の「最澄の思想を探る」参照）

極愚《ごくぐ》・極狂《ごくおう》

二十歳の時にしたためた「願文」の中に、自らを「愚が中の極愚、狂《おう》が中の極狂、塵禿《じんとく》の有情、底下《ていげ》の最澄」と表現したことは知られている。内容に入る前に、音について一言するならば、「狂」を「おう」と読むことが伝統となっている。そもそも、仏教では呉音を基本とするのであるが、呉音の採録は漢和辞典によって異なる上に、呉音そのものが正確に辞書等に反映しているわけではないようである。漢音・呉音と別に慣用音と言われるものもあるが、呉音との関わりも不明である。しかし、「おう」の読みを載せない辞書が多いとしても、『法華経』が音読されてきた伝統から言えば、「狂」や「誑」を「おう」と音読して来た事実があり、それがいわゆる呉音である可能性は高いのではなかろうか。

意味するところに関しては、最澄が自らを極愚・極狂と表現した根拠として知られるのが、『天台小止観』と、それを敷衍した『沙弥十戒幷《ならびに》威儀経疏』である。そもそも、天台宗は理論（学問）と実践（修行）とを車の両輪、鳥の両翼に喩え、偏りを抑制する。『天台小止観』では禅定・福徳のみを修して智慧を学ばざる者を愚と規定し、智慧のみを学び禅定・福徳を修さない者を狂の語で表すのであるから、一方に偏った仏教者を揶揄する語であるので、極愚・極狂とする最澄の用例は少々方向性は異なる。敢えて意味を探るならば、学問も修行も不十分であるという、若者ならではの強烈な自己反省とみるべきであろう。勿論、一般的な人として極愚・極狂であるという意味合いではなく、出家者として自身を省察しているのである。「願文」には自らを「無戒」と表現する場面もあるので、戒・定・慧の三学が欠如していることを自己

反省として述べたとも言える。（第二章の「願文——青年最澄の願い——」参照）

その他、最澄自身が意図した以上に、後世に影響を与えた要語もあり、その代表として無作三身《むささんじん》が挙げられるであろう。このことについては、「はしがき」や第七章「最澄の著作とその思想」『守護国界章』の項を参照して頂きたい。

第七章

最澄の功績と日本天台宗

勅許と最澄の入寂

弘仁十三年（八二二）三月十七日の記事が、『伝述一心戒文』巻上と巻中に見える。三月十七日は桓武天皇国忌の日である。その日、光定（七七九〜八五八）は嵯峨天皇のもとに参じた。それは、最澄が重病であり、未だに桓武天皇の御願を成しえていない状況を憂えてのことであった。

巻中に依れば、天皇の御前には真苑雑物《まそののさいもち》がいて、一枚の書を持っていた。その一紙を真苑雑物の東辺にいた藤原是男が読み上げ天皇に上達した。その書には、「自性清浄虚空不動戒、自性清浄虚空不動定、自性清浄虚空不動慧。此の戒を伝えんと欲す。仏法は賢公の口に在り。速疾に大皇に達して之を宛て行え。」とあり、光定は最澄の自筆であることを確認したという。

最澄は自らの生命が途絶えんことを知り、弘仁十三年夏四月に、弟子たちに遺言を伝えた。『叡山大師伝』に依って示せば、次の通りである。

我が命、久しくは存せず。

若し我が滅後に、皆、(俗)服を著すること勿《なか》れ。

亦、山中の同法、仏の制戒に依って、酒を飲むことを得ざれ。若し此れに違《たが》わば、我が同法にあらず。亦、仏弟子にあらず。早速に擯出して、山家の界地を践《ふ》ましむることを得ざれ。若《も》しは合薬の為にも、山院に入ること莫れ。

又、女人の輩を、寺側に近づくることを得ざれ。何《いか》に況《いわん》や、院内清浄の地をや。

毎日、諸大乗経を長講し、慇懃に精進して、法をして久しく住せしめよ。国家を利せんが為、群生を度せんが為なり。努力《つと》めよ、努力めよ。

我が同法等、四種三昧を、懈《け》倦《けんす》為ること勿れ。

兼ねて年月灌頂の時節に、護摩して仏法を紹隆し、以て国恩に答えよ。

但、我、*鄭重《ていじゅう》に、此の間《けん》に託生して、一乗《イ三学》を習学し、一乗を弘通せん。若し心を同じうする者は、道を守り道を修し、相思うて相待て。

＊鄭重(ていじゅう)…かさねて。鄭も重も重ねる意。

最初の、自分が滅した後に服(俗服)を著ないようにせよ、というのは、喪に服さないようにせよ、という意味で理解されている。そして、飲酒したものは、比叡山から擯出することを説き、四分律とは異なり、薬としての使用も禁じている。更には、女人禁制の厳訓が示されている。加えて、国家のために、諸大乗経の長講や、四種三昧、並びに灌頂・護摩を修すべきことを述べ、三学を習学し、一乗を弘通するために何度でもこの世に託生することを述べている。

『叡山大師伝』には、その他、「我、生れて自り以来《このかた》、口に麁言《そごん》無く、手に笞罰《ちばつ》せず。今我が同法、童子を打たざれば我が為に大恩なり。努力めよ、努力めよ。」という最澄の言葉を載せている。このように、最澄は「我が同法」と呼びかけて、後事や思いを託したのである。『叡山大師伝』では、続けて六条の禅庵式と呼ばれる遺言を掲載するが、それらは日常の起居や行住坐臥に関するものである。

そして、『叡山大師伝』は、五月十五日付の、附属の書を掲げる。

最澄、心形《しんぎょう》久しく労して、一生此《ここ》に窮《きわ》まれり。天台の一宗は、先帝の公験に依って、同じく前の入唐天台受法の沙門義真に授くること已に畢《おわ》んぬ。今自《よ》り以後、一家の学生等、一事已上、違背することを得ざれ。今且《ま》た山寺の私印を授く。院内の事は、円成仏子、慈行仏子、一乗忠、一乗叡、円仁等、相《あい》荘行す可し。且《しばら》く上座仁忠、并びに長講法華の師順円に附して申し送る。

ここに最澄は、心身が限界に達していることを吐露した。そして、天台一宗を共に入唐した義真に委嘱したことを伝えている。義真は初代の天台座主となる人物である。右の記述では、その後に、一乗忠と上座仁忠の二つの名前が見られるのであり、それが、『叡山大師伝』の撰者である一乗忠を、仁忠ではなく真忠と看做す場合の根拠となる。円仁はこの時、二十九歳であった。

六月四日、最澄は入寂した。その様子を、『叡山大師伝』は、次のように描写する。

> 弘仁十三年歳《ほし》壬寅に次《やど》る六月四日辰の時、比叡山中道院に於いて、右脅《脇》して寂滅に入る。春秋五十六なり。日隠れ炬《こ》滅して、憑仰《ひょうごう》する所無し。風惨《いた》み松悲しみ、泉奔《はし》り水咽《むせ》ぶ。時に奇雲峰を蓋《おお》い、久しく在って去ること無し。

最澄は弘仁十三年（八二二）六月四日に、比叡山の中道院で右脇を下にして没した。ここでは春秋五十六とし、神護景雲元年（七六七）生誕説を採用するが、最初に記したように、近年は公文書に基づき天平神護二年（七六六）生誕とするのが有力であり、それに準ずれば春秋五十七となる。

最澄の没後一週間にして、比叡山における大乗戒による授戒を認可する太政官符が下された。六月十一日のことである。このことに併せ、最近の研究で、勅許があったのは最澄が入寂する前日、つまり六月三日であることが明らかになっている。但し、六月三日の日付を有する文書があることは、三浦周行『伝教大師伝』のように、以前から知られていたのであり、そういった文献に対する理解と評価が変化したのである。
『叡山大師伝』に、「冬十一月、主上は澄上人を哭《こく》する六韻の詩を贈る。載せること奇紙に在り。」と見られるように、同年十一月、嵯峨天皇は「哭澄上人」六韻の詩を贈賜した。真偽の問題はあるが、現在に伝わる詩は、次のようなものである。

吁嗟《ああ》双樹の下　摂化、如如に契《かな》う
慧遠の名、猶駐《なおとど》まり　支公*の業、已に虚《むな》し
草は深し新廟の塔　松は掩う旧禅の居
灯焔、空座に残り　香煙、像炉を繞《めぐ》る
蒼生、橋梁少なし　緇侶、律儀疎なり
法体何ぞ久しく住せん　塵心傷《いた》むに余り有り

吁嗟双樹下　摂化契如如　慧遠名猶駐　支公業已虚
草深新廟塔　松掩旧禅居　灯焔残空座　香煙繞像炉

蒼生橋梁少　緇侶律儀疎　法体何久住　塵心傷有余

＊**慧遠**（えおん）…東晋の僧、廬山の慧遠（三三四～四一六）のこと。

＊**支公**（しこう）…東晋の貴族仏教を代表する僧、支遁（三一四～三六六）のことと考えられる。

十有余哲により、和韻の詩が作られたことも記されるが、現存しない。

翌、弘仁十四年（八二三）二月二十六日に、比叡山寺を改め、延暦寺と号することになった。桓武天皇に因んでの寺号であり、現在まで変わることなく使われている。

同年の三月十七日、桓武天皇国忌の日に新しい制度に準じて二人の年分度者の得度が行われ、四月十四日には、義真が戒和上（伝戒師）、円仁が教授師となって、初めて十四人に大乗戒が授けられた。最澄の本願が成就されたことにより、諸弟子が歓喜踊躍したという。『慈覚大師伝』は、中堂薬師仏の像前においてなされたことを伝えている。なお、嵯峨天皇の宸筆が現存する光定戒牒には同じ日付が見られ、「弘仁十四年四月十四日、比叡の峯延暦寺一乗止観院に於いて、菩薩大戒を受く。」と記されている。光定戒牒の冒頭は次のようである。

（奉請）霊山浄土
　釈迦如来応正等覚、為菩薩戒和（上）。
奉請金色世界
　文殊師利菩薩摩訶薩、為菩薩戒羯磨阿闍（梨）。
奉請覩史多天
　弥勒菩薩摩訶薩、為菩薩戒教授阿闍梨。
奉請十方一切世界
　一切如来応正等覚、為菩薩戒尊証師。
奉請十方一切世界
　一切菩薩摩訶薩、為菩薩戒同法等侶。

これは、前に引用した「天台法華宗年分度者回小向大式」（四条式）に、次のように記されていたことに一致する。

釈迦牟尼仏を請じて、菩薩戒の和上と為す。
文殊師利菩薩を請じて、菩薩戒の羯磨阿闍梨と為す。

弥勒菩薩を請じて、菩薩戒の教授阿闍梨と為す。
十方一切の諸仏を請じて、菩薩戒の証師と為す。
十方一切の〔諸〕菩薩を請じて、同学等侶と為す。

【原文】

請釈迦牟尼仏、為菩薩戒和上。
請文殊師利菩薩、為菩薩戒羯磨阿闍梨。
請弥勒菩薩、為菩薩戒教授阿闍梨。
請十方一切諸仏、為菩薩戒証師。
請十方一切〔諸〕菩薩、為同学等侶。

このように、比叡山での授戒が始まった。東大寺、下野の薬師寺、筑前（筑紫）の観世音寺という三戒壇以外での授戒が公認され実行されたのである。延暦寺の戒壇院は、天長四年（八二七）五月二日の太政官符によって創建されたと伝えられている。

最澄が日本最初の大師号である伝教大師の諡号を賜るのは、少し後の貞観八年（八六六）七月十四日（一説、十二日）であり、それは弟子の円仁の慈覚大師と同日のことであった。

最澄の著作と思想

最澄の著作は『伝教大師全集』全五巻に纏めて収められている。但し、真撰だけでなく、偽撰や真偽未詳の文献も少なくない。その他、大正新脩大蔵経、日本大蔵経等に主要著作が収められている。それらの研究状況は、空海の諸著作の研究と比べると、遅延している感があることは否めない。『顕戒論』については、幾つかの研究があり有益であるが、今後の研究が期待される著作も多い。ここでは、網羅的なものではなく、これまで述べて来たことの補遺として若干の解説を加えておきたい。

『守護国界章』

『守護国界章《しゅごこっかいしょう》』九巻（または三巻）が大きな著作であり、最澄と徳一の論争書として頗る重要な意義を持つことは言うまでもないが、ここでは、後世に多大な影響を与えることになった無作三身について述べておきたい。最澄がこの言葉を用いたのは、『守護国界章』巻下之中においてである。この用語は常に注目され、様々な観点から尊重されて来た。ところが、解釈の困難さから、最澄の見解そのものについても一定の理解に至っていない。

そのような中、中古天台では独特の解釈を施し、通行するようになった見解も見られる。

麁食者《そじき》が謬《あやま》って報仏智の常を破するを弾ずる章第三

有為の報仏は、夢裏の権果。無作の三身は、覚前の実仏。夫《そ》れ真如の妙理に両種の義有り。不変真如は凝然《ぎょうねん》常住、随縁真如は縁起常住なり。報仏如来に両種の身有り。夢裏の権身は有為無常、覚前の実身は縁起常住なり。相続常の義に亦、両種有り。随縁真如相続常の義と、依他縁生相続常の義なり。今、真実の報仏は、随縁真如相続常の義に摂す。麁食が執する所の凝然真如は、定《さだ》んで偏真と為す。三獣同じく渉るを以ての故に、随縁を具せざるが故に、縁起即せざるが故に、教に権・実有るが故なり。権教の三身は、未だ無常を免れず。実教の三身は、倶体倶用《くたいくゆう》なり。

最初に示されるように、麁食者（徳一）が報仏智の常住であることを認めない立場であることを論駁するのが主題となっている。最澄が徳一説と最澄説を相対的に論述しているところがあるので、それを抽出すれば次のようである。

徳一説…有為報仏、夢裏権果　　夢裏権身有為無常（権教三身、未免無常）

最澄説…無作三身、覚前実仏　覚前実身縁起常住（実教三身、倶体倶用）

徳一の言う報身は有為無常であり、それに対して最澄は報身常住説を開陳している。そのこと自体は理解できるが、最澄は「無作三身」及び「覚前実仏」という独自の言葉を捻出し、自説に適応させたのである。これらは、後の口伝法門でも議論されることになるものの、その定義は困難である。最澄は更に、その報仏を縁起常住とした上で、随縁真如相続常であると規定する。真如随縁論は、最澄以来、日本天台諸師の導入する教義であり、草木成仏等の問題にも関与するが今は措く。そして、権教の三身は無常を免れないのに対して、実教の三身は倶体倶用であると言う。

そもそも、天台教学に準ずれば三身の相即や一体を説くことは基本であり、湛然が『法華玄義釈籤』巻一四や『十不二門』で用いた「倶体倶用」という語をここに示したことは独創というわけではない。但し、報身智の議論で、敢えて三身やそれらの倶体倶用を論じたことの真意を究明することは課題となる。なお、「無作」という表記は天台円教の立場を意味する常套句であり、蔵・通・別・円という四教に、順に生滅・無生・無量・無作の語を当て嵌めるのが基本となっている。

実は、報身智というのは自受用身についての議論に他ならない。日本天台の論義では、幾つかの算題によって自受用身の解明を図っている。智顗が言及することはなかった自受用身であるが、例えばその所居は天台四土の中、法身と同じ常寂光土と判ずるのが通例となっている。

ここでは簡略に述べるに止めるが、最澄がただ一度のみ用いた「無作三身」の語は、中世の天台宗（中古天台）では教学の核心ともいうべき位置づけがなされ、多岐に亙る解釈によって活用された。そのような中、私が特に注目するのは、中古天台の恵心流で無作三身を自受用身と捉え、その遍在性に基づく教義が示されたことである。その主張は広く定着していくことになる。遍在性と言えば、『観普賢菩薩行法経』に「毘盧遮那遍一切処」と見られる名言が注目され、森羅万象を法身の遍在とすることを含め、中国天台以来様々な観点から活用された。その毘盧遮那に代わる仏として、自受用身としての無作三身が諸文献に頻出するのは、宗祖としての最澄説を顕揚しようとする意図があったのかもしれない。

自受用身の遍在性については、天台教学では諸仏は一体であるので、教理上の齟齬はない。とは言え、最澄や空海が手にすることはなかった、般若（七三四〜八一〇）訳の『大乗本生心地観経』巻三には、「自受用身の諸相好は、一一十方刹に遍満す。四智円明にして法楽を受け、前仏・後仏、体皆同じ。法界に遍ずと雖も障礙無く、是の如き妙境は不思議なり。是の身は常に報仏土に住し、自受法楽して間断《けんだん》無し。」という偈文が掲げられ、注目されることになった。

この記述には、幾つかの観点から論及すべき内容があり、日本天台の論義で議論されるが、今の話題から言えば、自受用身が遍満していることを説いている箇所が何より重要である。一方、自受用身が報土に居住する仏であることが説かれ、この主張は天台教学と一致しない。従って、この『大乗本生心地観経』の記述を全面的に容認することはないものの、「自受用身の諸相好は、一一十方刹に遍満す。」という箇所は、中古天台の所説に適うものであった。従って、音声《おんじょう》という観点から言えば、衆生の音声も、風や波の音も全て自受用身の説法となる。それは、音声に限らず、我々の行・住・坐・臥といったあらゆる振る舞いは勿論、蟻や蚊も例として挙げられ、更には桜や梅といった自然界（環境世界）も全て、自受用身、すなわち無作三身であるという教義として結実するのである。要するに依正二報（依報である環境と正報である衆生）の全てが、自受用身であり無作三身の境界《きょうがい》となる。

このことの論証には、かなりの紙幅を要し、やや複雑な議論となるので、ここでは以上の説明で止める。ともかく、最澄が作成した無作三身という言葉が、中古天台では自受用身と絡めて教理上の重要な根拠とされたのである。そして、無作三身の語は単独でも現実肯定を主張する場合の重要語として広範に活用されるようになるのであり、それは即身成仏や草木成仏を論ずる上でも、「無作」（ありのまま）の義を含意する教義としての特色を有する展開となる。

また、最澄にとって「大直道」や「直道」という語を用いての教理が特色を有するのであり、本文中に引用した『守護国界章』巻上之下の教説を図示すれば次のようになる。

権小＝迂回＝歩行迂回道
権大＝歴劫＝歩行歴劫道
実一乗＝直道＝飛行無礙道

大直道・直道思想については、『註無量義経』の箇所でも触れる。

『内証仏法相承血脈譜』

最澄の相承は円・密・禅・戒の四宗相承と言われ、四宗融合を特色とする。円は天台法華円教とも換言できる。これらの四宗は、『内証《ないしょう》仏法《ぶっぽう》相承《そうじょう》血脈譜《けちみゃくふ》』に、その根拠が見出される。同書では、達磨大師付法・天台法華宗・天台円教菩薩戒・胎蔵金剛両曼荼羅・雑曼荼羅という五種の師師血脈譜を挙げ、最初の四種が四宗である。中国天台も融合的な仏教であるが、最澄はそれを更に進めた。

五種の相承を示した上で、要点について確認をしておくことにする。

達磨大師付法相承師師血脈譜

瞿曇─第一祖尼楼羅王─第二祖烏頭羅王─第三祖瞿頭羅王─第四祖尼休羅王─

浄飯王─悉達多─垂迹釈迦大牟尼尊─摩訶迦葉─阿難─

難陀（以上、二子）

白飯王

斛飯王

甘露飯王（以上、四子）

─商那和修─優婆毱多─提多迦─弥遮迦─仏陀難提─仏陀密多─脇比丘─

─富羅奢─馬鳴菩薩─比羅比丘─龍樹菩薩─迦那提婆─羅睺羅─僧伽難提─

─僧伽耶舎─鳩摩羅駄─闍夜多─婆修槃陀─摩奴羅─鶴勒耶舎─師子尊者─

─舎那婆斯─婆須密─僧伽羅叉─優婆掘─菩提達磨─後魏達磨和上─北斉慧可和上─隋朝皖公山僧璨和上─双峯山道信和上─黄梅東山弘忍和上─唐朝大通和上（神秀）─華厳寺普寂和上─大唐大光福寺道璿和上（日本国大安寺西唐院）─大日本

国大安寺行表和上――**日本国比叡山前入唐受法沙門最澄**

最澄のこの相承が入唐前のものであり、北宗禅の系統であることは周知のこととなっている。そして、注目されるのが、道璿―行表―最澄という相承であり、最澄の師が行表であったこと、及びその師である道璿に『梵網経』の註釈三巻があったことである。それらのことが、最澄に与えた影響の大きさも言われている。

ここでもう一つ留意すべきは、最澄が入唐中の貞元二十年（八〇四）に翛然から牛頭《ごず》禅を受けたことであり、『内証仏法相承血脈譜』には、「又、去る延暦の末年、大唐国に向って請益《しょうやく》し、更に達磨の付法を受く。大唐貞元二十年十月十三日。大唐国台州唐興県の天台山禅林寺の僧翛然、天竺・大唐二国の付法血脈、幷びに達磨の付法牛頭山の法門等を伝授す。頂戴し持し来りて、叡山の蔵に安ず。」と記されている。これは、台州に到着後、早い時期の受法であった。

天台法華宗相承師師血脈譜

常寂光土第一義諦霊山浄土久遠実成多宝塔中大牟尼尊―摩訶迦葉―阿難陀―

商那和修―優婆毱多―提多迦―弥遮迦―仏陀難提―仏陀蜜多―脇比丘

―富那奢比丘―馬鳴菩薩―比羅比丘―龍樹菩薩―天竺須利耶蘇摩

鳩摩羅什三蔵―妙法蓮華経／大智度論―双林寺傅大士／斉高之世慧文大師

―天竺霊山聴衆陳朝南岳慧思大師―天竺霊山聴衆隋朝天台山智者大師 諱顗―国清寺

灌頂大師―国清寺智威大師―天宮寺慧威大師―左渓玄朗大師

荊渓湛然大師―瑯琊道邃和上／姑蘇行満和上―**前入唐受法沙門最澄**／前入唐受法沙門義真

これはまさに天台法華宗の相承を示したものである。この中で、最初の常寂光土第一義諦霊山浄土久遠実成多宝塔中大牟尼尊（釈迦）が摩訶迦葉だけでなく、慧思と智者大師（智顗）にそれぞれ繋がるのは、いわゆる霊山《りょうぜん》同聴である。つまり、智顗の師である慧思が、智顗に初めて会った時に、昔日、霊鷲山《りょうじゅせん》で一緒に釈迦の説法を聴いたことを告げたという話に基づいている。

天台円教菩薩戒相承師師血脈譜

蓮華台蔵世界赫赫天光師子座上盧舎那仏――逸多菩薩――天竺鳩摩羅什三蔵――霊山聴衆南岳慧思大師――霊山聴衆天台山智者大師――章安灌頂大師――縉雲智威大師――東陽慧威大師――左渓玄朗大師――荊渓湛然大師――瑯瑘道邃大師――**前入唐受菩薩戒沙門最澄**
前入唐受菩薩戒沙門義真

最澄と義真が貞元二十一年（八〇五）三月二日に、道邃から菩薩戒を受けたことについて、『内証仏法相承血脈譜』では、「大唐貞元二十一年歳《ほし》乙酉大日本国延暦二十四年乙酉に当るなり。に次《やど》る春三月二日、初夜二更亥の時、台州臨海県龍興寺西廂の極楽浄土院に於いて、天台の第七伝法の道邃和上を奉請し、最澄・義真等は、大唐沙門二十七人と倶に円教の菩薩戒を受けたり。」と述べている。最澄が記した盧舎那仏に始まる梵網戒の相承は、智顗撰と伝えられる『菩薩戒義疏』巻上に「梵網の受法は、是れ盧舎那仏が妙海王子の為に戒を受《さず》くる法なり。釈迦は舎那に従って受誦する所なり。次で転じて逸多菩薩に与う。是の如く二十余菩薩に、次第に相付す、什師伝来して、律蔵品を出す。」と見られることに基づいている。逸多菩薩は阿逸多、つまり弥勒のことである。この相承を円教の菩薩戒として、ここに明記したのである。

帰朝後の最澄が、円澄ら、百人を超える人々に円頓菩薩大戒を授けたことについて、『慈覚大師伝』には、「大同元年冬十二月二十三日、叡山の止観院に於いて、円澄法師を上首と為し、百有余人に、円頓菩薩の大戒を授く。此れ天台の師師相伝の大戒を授くるの始めなり。」と記されている。止観院におけるこの大同元年（八〇六）の授戒は、ここでは十二月になっているが、他の文献により、十一月が正しいとされる。

胎蔵金剛両曼荼羅相承師師血脈譜

胎蔵曼荼羅毘盧遮那如来――中天竺大那蘭陀寺善無畏三蔵大師

大唐沙門一行大師

大唐沙門義林大師

不空和上

金剛界毘盧遮那如来――金剛薩埵――龍猛菩薩――龍智阿闍梨――金剛智阿闍梨

大唐泰岳霊巌寺沙門順暁阿闍梨

前入唐受法沙門最澄

前入唐受法沙門義真

前述したように、最澄が順暁から承けた密教は、空海が長安で恵果から承けたような整然としたものではなかった。特に『金剛頂経』やそれに基づく金剛界については、帰国後に空海との交流で知識を深めていったと考えられる。また、順暁が善無畏の流れを汲む阿闍梨であることが付法文から知られるとしても、最澄は純然たる胎蔵界の伝承を受けたわけではなかった。本来は、胎蔵界と金剛界は同時に伝授されるわけではなく、しかも同一の阿闍梨からの付法とは限らないのであり、それぞれ別の相承となる。

最澄の受法はそれとは明らかに異なっていた。最澄が『内証仏法相承血脈譜』で、このような師師相承血脈を記するようになったのは、空海との交流で知識を増やしたことに加え、順暁からの伝法が胎蔵界にも金剛界にも属さないとしても、そこに胎蔵界・金剛界の要素が混在することの確信を持ったからかもしれない。

雑曼荼羅相承師師血脈譜

- 金剛道場 大牟尼尊
  - 天竺沙門菩提流志
    - 大唐草堂寺比丘大素
  - 天竺沙門阿地瞿多
    - 大唐明州檀那行者江秘
    - 大唐開元寺霊光和上
    - 大唐国清寺惟象和上
- → **前入唐受法沙門最澄**

雑曼荼羅、換言すれば雑密の相承として、最澄が掲げるのは四師である。これらの中、国清寺惟象《ゆいぞう》は、貞元二十年（八〇四）十月に大仏頂大契曼荼羅の行事を授けた。他の三師からの伝授は全て、貞元二十一年（八〇五）五月五日という帰国直前の日付が示されている。その内容は、大素から冥道無遮斎法の抄本と五仏頂法、江秘から普集壇と如意輪壇等、霊光から軍荼利菩薩壇法と契像等の付法であった。

『法華秀句』

日本天台は、後には浄土教の法門も加え、山王《さんのう》神道も天台宗の重要法門となっていく。それらの中、最澄以降の日本天台は、当初は遅れていた密教の充足と、円密一致教学の樹立に尽力することになる。その、円密一致の萌芽が最澄に見出されることが肝要なのである。とは言え、最澄は天台法華宗の宗祖なのであり、最晩年の著作が『法華秀句《ほっけしゅうく》』（『法華輔照《ふしょう》』）三巻（または五巻）であることはしばしば強調される。

本書は上巻と中巻が本・末に分かれている。最初に示される目次に依れば、法華十勝を説く書物と言うことができる。十勝は以下の通りである。

仏説已顕真実勝一　　仏説経名示義勝二
無問自説果分勝三　　五仏道同帰一勝四

仏説諸経校量勝五　仏説十喩校量勝六
即身六根互用勝七　即身成仏化導勝八
多宝分身付属勝九　普賢菩薩勧発勝十

実は最初の「仏説已顕真実勝一」は巻上の本・末に該当し、十勝の残り九勝は全て巻下に収められている。そして、巻中はそれらと異なり、天竺と大唐における仏性論争をその内容とするのである。このような調巻になった理由は未解明である。

既に紹介したように、最澄が本書の「即身成仏化導勝八」で、『法華経』の力による即身成仏思想を顕揚したことは、後への影響が多大である。それは、智顗や湛然による龍女成仏に対する解釈の延長線上に位置し、まさに天台教学による思想展開であると同時に、日本天台の成仏論の出発点となった。因みに、龍女成仏とは変成男子《へんじょうなんし》による南方無垢世界の成仏を基準として論ずるものであり、六種震動を伴うものである。

なお、即身成仏と言うと、しばしば密教であり空海であるとする風潮がないわけではない。しかし、そうではなく、最澄と空海がそれぞれ自宗の立場から、ほぼ同時期に即身成仏思想を鼓吹したことに注目する必要がある。それは、天台宗や真言宗の成仏論が即身成仏の議論に他ならないことに連繫する。天台宗や真言宗の即身成仏論は互いに影響を与えつつ、多彩な議論として展開した。

また、その前の「即身六根互用勝七」は、若き日の最澄が到達目標とした六即位の中の第四相似即位に関わる章である。ここでも「即身」の語を用い、それを「明らかに知んぬ、父母所生とは、即身の異名なることを。」と説明している。「六根清浄」については、世親の『妙法蓮華経憂波提舎《うばだいしゃ》』（『法華論』）巻下に「此の六根清浄を得る者は、謂く、諸凡夫は経力を以ての故に、勝根の用を得。」等とある文を引用し、天台法華宗には凡夫がそれを得る力があることを述べている。

『註無量義経』

この『註無量義経《ちゅうむりょうぎきょう》』三巻のように、三一権実論争や大乗戒独立と関係を有さないため、成立時期が明瞭ではない著述もある。『註無量義経』には、天台教学に基づきつつも、独創的な着想による教義が見出され、最澄の思想形成という観点からも検討を要する。なお、本書は、安然の引用等からも、最澄の真撰であることは間違いないと考えられる。

幾つかの教義を挙げるならば、巻一には、「三仏倶常、倶体倶用」という表記が見える。また、必ずしも十分にこなれた書き方ではないが、密教に関係する言及が幾つかあるのも特色となる。例えば、巻二には、「劫と言うは、印度の語の略なり。具に本音を存せば、応《まさ》に劫跛《こうは》と言うべし。二義有り。一には妄執《もうじゅう》の義、二には時節の義なり。時節の義に小・中・大の時有り。芥城《けじょう》・排石・人日・天珠なり。妄執の義に麁・細・極執有り。三瑜祇の行は一生に超ゆることを得るなり。」と記されている。これは、『大日経』の註釈に基づく教義であり、現行の『大日経義釈』巻二、『大日経疏』巻二に見られる記述が典拠となる。最澄は『大日経疏』系統の本を見ていたことが『依憑天台集』における引用で知られるが、『註無量義経』では忠実な引用ではなく、記憶によって書いたような筆致になっている。

いずれにせよ、『大日経義釈』『大日経疏』では、劫跛《こうは》（kalpa）に時分と妄執の二義があることを説き、一生のうちに三妄執を度することが三大阿僧祇劫を超えることであるとして、そこに一生成仏の語を与えているという主旨は踏まえている。最澄が、時節の義として挙げたのは、「芥城・排石・人日・天珠」であり、これは「芥子劫・盤石劫・人日（人寿）・天寿」という意味であろう。

また、『無量義経』で釈迦が得道してから「四十余年」であることを記す箇所について、巻二で「四十余年とは、三十成道の後、生年七十一にして、無量義経を説く。故に四十余年と名づく。」と解説している。つまり、三十歳で成道して、七十一歳になって『無量義経』を説いたと言うのであり、『法華経』の開経としての意味を宛てたと考えられる。安然の『教時諍』では、この『註無量義経』の記述を伝教大師の見解として引用し、『法華経』は成道四十二年の説であるとする菩提流支撰と伝えられる『法界性論』の説に繋げている。

「唯仏与仏《ゆいぶつよぶつ》（唯《ただ》、仏と仏とのみ）」という語の典拠として重要なのが『法華経』方便品であるが、『無量義経』にも見られる。最澄はこの『無量義経』の「唯仏与仏」について、同じく巻二で「唯仏と言うは、究竟即なり。是れ妙覚の果仏なり。与仏と言うは、分証即なり。是れ四十一の仏なり。」と論じた。つまり、「唯仏」とは妙覚位・究竟即の仏であり、「与仏」とは円教の聖者である初住位以上、つまり分証即（分真即）の四十一仏（菩薩）であると看做したのである。この説は、証真の『山家註無量義経抄』では、『法華経』の「唯仏与仏」とは同じ意味ではないという解釈がなされている。

『無量義経』には「大直道」の語が二箇所に見られ、最澄が大直道・直道を強調する根拠となっている。但し、大正新脩大蔵経所収本では、一つは「大道直」になっている。『註無量義経』には、大直道と直道の語義を厳密に区別する場面も見られるが、最澄の諸著作における用例は必ずしも明瞭な区別をしてはいない。

『末法灯明記』

偽撰であるとしても、場合によって真偽未詳とされる重要文献に『末法灯明記《まっぽうとうみょうき》』がある。

本書は、末法には戒がないのであるから破戒の者はなく、無戒の者のみであることを説く。末法の時代には名字の比丘のみが存し、その人こそが世の真宝であって、もし持戒者がいるならば怪異《けい》であり、市の中の虎のようであると言う。

末法に入る年代は、しばしば永承七年（一〇五二）とされるが、本書ではその百六十年前の寛平四年（八九二）に設定される。要するに、正法五百年、像法千年とする立場から、紀元前九四九年と紀元前六〇九年という二つの仏滅年代のうちの後者を採用したのである。それは、最澄を著者と看做す「我が延暦二十一年（八〇二）」という年代が、仏滅から「一千七百五十歳」となる前者ではなく、「一千四百十歳」となる後者に基づく算定であり、あと像法九十年を残す延暦二十一年（八〇二）を、「今の時は是れ像法最末の時」と述べていることから理解できる。ちなみに、永承七年（一〇五二）を末法の初年とする一般説は、紀元前九四九年から正法千年、像法千年を経た翌年であることを根拠とする。

『末法灯明記』は内容から推せば、偽撰と考えられる。しかし、鎌倉仏教の諸師たちは最澄の真撰として扱った。中でも親鸞は、最澄の真撰として極めて尊重した。従って、偽撰と確定しない立場が、現代でも見られることになる。

『法華長講会式』

引用文献から偽撰とすべき書物も存する。例えば、『法華長講会式《じょうごうえしき》』（『長講法華経先分発願文』巻上、『長講法華経後分略願文』巻下）は崇道《すどう》天皇（早良《さわら》親王）の慰霊に関する記述が見られることでも知られるが、偽撰と考えられる。

その理由は、巻上の冒頭近くに、「三界は唯一心なり。心の外に別法無し。心・仏、及び衆生、是の三に差別無し。（三界唯一心。心外無別法。心・仏及衆生、是三無差別。）」という記述が見られるからである。これは、最澄が見ることがなかった光定疑問・宗穎決答の『唐決』に見出されるもので、『華厳経』の文とされるものの、前半は経典にはそのままの表記はない。日本天台に非常に大きな影響を与えることになるこの偈文は、『唐決』によって紹介されたと考えられる。

『天台法華宗学生式問答』

本書八巻は『天台法華宗年分学生式《がくしょうしき》』（六条式）を問答体で論ずるものであり、『学生式問答』と略称される。偽撰書ではあるが、幾つかの注目すべき点がある。

先ずは、巻一で「国宝」についての言及がなされ、「照千里」と「守一隅」の語を含む、『止観輔行伝弘決』巻五之一の文証を提示していることである。「照千一隅」の具体的根拠が明示されていることに留意する必要がある。

もう一つは、同書巻四の冒頭に、仏子戒（円戒）を、正しくは『法華経』に依り、傍らには『梵網経』の十重四十八軽戒に依ると解説していることが重要である。いわゆる「正《しょう》依《え》法華、傍《ぼう》依《え》梵網」の根拠である。同巻には、「金剛宝戒を以て主と為し、十重四十八を以て伴と為す」という表記も見られる。

日本天台宗の後継者――最澄没後の代表的人物たち――

日本天台宗は、初代天台座主義真（七八一～八三三）に続き、第二代の円澄（七七一～八三七）、第三代円仁（七九四～八六四）、第四代安慧（七九四・七九五?～八六八）、第五代円珍（八一四～八九一）と次第する。

義真

義真は最澄の訳語（通訳）として入唐し、日本では未受戒であったので具足戒を受け、更に最澄と共に道邃から円教の菩薩戒を受けた。また、越州の龍興寺で順暁からの密教伝授がなされたのも、最澄同様であった。著作には『天台法華宗義集』という天台教学の綱要書があり、それは天長年間（八二四〜八三四）に淳和天皇が天台・真言・法相・三論・華厳・律という各宗に提出させた六本宗書（天長勅撰六本宗書）の一つである。義真と密教との関わりは希薄である。

円仁

日本天台宗の密教を充足したのは円仁である。『慈覚大師伝』に依れば、下野《しもつけ》（栃木県）の大慈寺で広智に師事していた円仁が、比叡山に登り、最澄にまみえたのは十五歳の時であった。その後、四十五歳の時に、「最後の遣唐使」と言われる一行と共に渡海し、承和五年（八三八）六月の出帆から承和十四年（八四七）九月の帰朝まで、長きに亙る求法を行った。その記録が『入唐求法巡礼行記《にっとうぐほうじゅんれいこうき》』四巻であり、日本は勿論のこと、欧米や中国の研究者にも注目されている。そこに示される言語表現を含め、当時の中国の様子を伝える情報が満載されているからである。会昌の廃仏（八四五年）に関する克明な記述も貴重な資料となっている。

止観業の出身であった円仁ではあるが、天台山に行くことは許可されなかった。しかし、日本天台に純然たる密教を伝えたことは、台密の全盛期を迎える基盤となった。円仁は胎蔵界と金剛界に併せ、新しい密教とも言うべき蘇悉地部を伝承したのである。金剛界については大興善寺の元政《げんせい》（「がんじょう」とも読む。生没年不詳）からの付法が緊要であり、蘇悉地については胎蔵界と共に、青龍寺の義真（生没年不詳）から伝授された。帰国後、仁寿元年（八五一）に『金剛頂経疏』七巻、斉衡二年（八五五）に『蘇悉地経疏』七巻を著した。『金剛頂経疏』の中には、元政から伝えられたと考えられる「一大円教」という言葉が見られる。この「一大円教」という語は、如来の立場から言えば、如来が演《の》べるところは全て真言密教であることを意味するものであり、天台密教（台密）の特色を端的に表す用語として定着していくことになる。

ともかく、円仁の著作により、一行（六八三〜七二七）の『大日経義釈』に加えて、三部の註釈書が完備することになった。なお、台密は「『義釈』の密教」と言われるのであり、そのことは先ず、円仁が『金剛頂経』の註釈において、『大日経義釈』を最重視したことに表れている。更に、円珍や安然も『大日経義釈』を尊重したのであり、それが後の規範となって大きな影響を与えることになったのである。

円珍

円珍は円仁同様、遮那業ではなく止観業の学生であった。しかし、円珍が密教に傾倒していったことは確かであり、また、最澄が伝えた三種悉地法（三部三昧耶）は、最澄・広智・徳円・円珍と次第して承和九年（八四二）に付嘱《ふぞく》された。円珍の入唐は遣唐使としてではなかったが、仁寿三年（八五三、大中七年）八月から天安二年（八五八）六月に帰国するまで、天台山や長安で受法し研鑽を積んだ。特に、密教については青龍寺にいた法全《はっせん》（生没年不詳）から胎蔵界・金剛界・蘇悉地の三部を伝授されたことが基幹となった。法全は円仁在唐の時には玄法寺に住し、円仁に胎蔵界の大法を授けた阿闍梨である。

比叡山においては、それぞれの住房に因んで、円仁を前唐院、円珍を後唐院、或いは山王院と呼ぶようになる。但し、各々の門徒が対立したため、円珍没後ではあるが、やがては円珍は寺門（園城寺、三井寺とも呼ばれる）の祖として位置づけられることになる。園城寺は比叡山と異なり、織田信長（一五三四～一五八二）のような武将による焼き討ちに遭わなかったこともあって、円珍に関する親筆等の文物は現在に伝えられている。また、京都にある聖護院は、現在本山修験道の総本山となっているが、本来、園城寺系の門跡寺院であった。天台系の修験道を支えてきた最重要拠点としての役割を果たし続けている。

円仁・円珍という二人の入唐求法僧が、日本天台宗の密教、すなわち台密に活況をもたらしたことにより、台密は空海系の密教を凌ぐ勢力を持つことになる。それは、空海の密教が完成されたものであったこととは対照的に、最澄の密教が不十分であったことにも起因する。つまり、東密の入唐諸師が空海の密教に新たな要素を加えることは困難であったと推察される一方、台密は中国で展開する最新の密教を直ちに導入して精力的に充足を図ったからである。

安然

そういった状況下、台密を大成したのが安然（八四一〜八八九〜、一説九一五没）である。比叡山の五大院に住して学問に専心したため五大院と呼ばれる。

その安然が自らの著作である『教時諍論《きょうじじょうろん》』で、「安然は俗に在っては則ち伝教大師の苗裔なり。道に在っては則ち慈覚大師の門人なり。」と述べていることから窺われるように、安然は慈覚大師円仁の学問を基盤として台密教学を完成したのである。しかも、俗に在っては伝教大師最澄の苗裔であると言うのであり、貞観八年（八六六）に賜った日本最初の大師号である伝教大師・慈覚大師の両大師号を記して自らの立場を表明したことに喜びを感じていたであろう。安然に密教を授けた師としては遍昭《へんじょう》（遍照、八一六〜八九六、桓武天皇の孫）が重要であり、最澄以来の三種悉地法（三部三昧耶）も遍昭から安然に伝授された。

安然の教義に関する代表的述作である『教時問答』（『真言宗教時問答』『真言宗教時義』『教時義』）四巻と『菩提心義抄』（『胎蔵金剛菩提心義略問答抄』）五巻は、円仁の『金剛頂経疏』七巻と『蘇悉地経疏』七巻の教学を全面的に踏襲し、それを発展させたものと言える。特に、空海の十住心とは異なる教判を樹立していることが注目され、『教時問答』ではあらゆる教えが実は密教であるという円仁所伝の一大円教論を展開し、また、『菩提心義抄』では蔵・通・別・円・密という五教判を主軸にしている。

両書とも台密ならではの円密一致という基本線の確立に努めているが、勿論、密教を中心にした書物なので、天台円教より密教を優位に置こうとする記述も見出される。しかしながら、密教の解釈に天台教学を積極的に活用したことで、まさに天台密教という立場からの統合を果たしたのである。当時の日本天台宗が積極的な密教の導入をしたという天台宗の密教化に併せて、密教の天台化を具体的に構築したことが画期となった。

なお、安然の『教時問答』と『菩提心義抄』という二大教相書は、台密教学の大成書であることはその通りなのであるが、安然本人としては密教、すなわち真言宗の本筋を述べたものという認識を持っていたと思われる。従って、安然は必要に応じ空海義をも積極的に導入している。これらの両書の教説は、後世に大きな影響を与えることになった。安然の業績として、多くの事相書を撰述したことも特筆に値する。事相については『胎蔵界大法対受記』『金剛界大法対受記』『大日経供養持誦不同』『観中院撰定事業灌頂具足支分』（しばしば『具支灌頂』と略される）といった大部の書をはじめ、多数の撰述を行った。

安然による集大成を伝える目録が『諸阿闍梨真言密教部類惣録』（『八家秘録』）であり、

入唐八家の将来録を中心に安然の創意を凝らしたものとなっている。入唐八家とは、最澄（七六六～八二二、在唐八〇四～八〇五）、空海（七七四～八三五、在唐八〇四～八〇六）、常暁（?～八六六、在唐八三八～八三九）、円仁（七九四～八六四、在唐八三八～八四七）、円行（七九九～八五二、在唐八三八～八三九）、恵運（七九八～八六九、一説八七一没、在唐八四二～八四七）、円珍（八一四～八九一、在唐八五三～八五八）、宗叡（八〇九～八八四、在唐八六二～八六五）であり、東密の諸師を含む。安然は入唐八家や、日本の諸阿闍梨の密教を、広汎な視野で集大成しようとしたのである。

加えて、独自の研鑽に基づいての述作活動を行ったのであり、その著作は日本密教の財産になったと言える。『悉曇蔵《しったんぞう》』八巻は、悉曇に関する解説書で、安然の該博な研究を伝える名著である。安然の著作は密教以外にも及び、それらの価値も極めて高い。すなわち、『斟定《しんじょう》草木成仏私記』『即身成仏義私記』『普通授菩薩戒広釈』（『普通広釈』）等が挙げられる。

日本仏教の母胎

智顗の『摩訶止観』巻二上に説示される四種三昧の中、常行三昧は九十日間の常行を要求し、休むことなく口に阿弥陀仏の名を唱え、心に阿弥陀仏を念ずるものである。『摩訶止観』には次のように見出される。

> 口の説黙とは、九十日、身は常に行じて休息《くそく》すること無く、九十日、口は常に阿弥陀仏の名を唱えて休息すること無く、九十日、心は常に阿弥陀仏を念じて休息すること無かれ。或は唱・念倶に運び、或は先に念じ後に唱え、或は先に唱え後に念じて、唱・念相継いで休息する時無し。若し弥陀を唱うるは即ち是れ十方仏を唱うると功徳等し。但《ただ》専《もっぱ》ら弥陀を以て法門の主と為す。要を挙げて之を言わば、歩歩《ぶぶ》・声声《しょうしょう》・念念、唯、阿弥陀仏に在り。

この行法は現在でも、独特な意義のもとに実修されている。すなわち、これは西方極楽浄土への往生を企図するものではなく、『般舟三昧経《はんじゅざんまいきょう》』に基づいて仏を見ることに目的が設定され、仏立《ぶつりゅう》三昧と名づけられるものなのである。

日本天台の宗祖最澄には、浄土教的要素は希薄である。常に言われるのは、円仁の業績であり、五台山で習学した法照流の五会《ごえ》念仏を比叡山に伝え、『摩訶止観』所説の常行三昧に手を加えたということである。安然の『金剛界大法対受記』巻六には、五台山の受法を次のように説明している。

昔斯那《しな》国の法道和上は、現身に極（楽）国に往く。親しく水鳥樹林の念仏の声を聞き、以て斯那に伝う。慈覚大師は五台山に入り、其の音曲を学び、以て睿山に伝う。此れに長声・二声・合殺《かっさつ》・五声有り。

法道については未解明のようであるが、法照（生没年不詳）かもしれない。円仁の偉業は何より密教の伝承であるとしても、浄土教に関わる事績も見逃せないのである。

日本天台の浄土教は様々な学匠の研鑽によって展開する。特に有名なのは良源（九一二～九八五）の『極楽浄土九品《くぼん》往生義』一巻と、源信（九四二～一〇一七）の『往生要集』三巻である。師弟関係にある二人であるが、両者とも単なる浄土教家ではない。

良源は宮中清涼殿で催された応和の宗論（九六三）で確固たる名声を手に入れ、三年後には天台座主の地位に就く。比叡山中興の祖として活躍し、日本天台宗最初の大僧正にまで登り詰めた。日本天台史上、神異僧とでも評すべき伝説を持つこと随一の人物である。正月三日に没したため、元三《がんざん》大師と呼ばれる。角《つの》大師や豆大師と言われる護符は今でも尊崇され、その験力は広く信仰の対象となっている。

一方、源信は、師である良源のような名利を伴う生き方を好まず、比叡山の横川《よかわ》に隠棲した。『往生要集』三巻は四十四歳の著作である。その他、多くの撰述が伝わる中、六十五歳の著作である『一乗要決』三巻は、天台宗と法相宗の仏性論争に終止符を打つべく撰述された力作である。

ともかく、良源や源信の出現により、日本天台に本格的な浄土教の法門が付加されたのであり、鎌倉時代の法然（一一三三～一二一二）や親鸞（一一七三～一二六二）が登場する布石となったことが緊要である。

また、密教については、横川の覚超（九六〇～一〇三四）を祖とする川流《かわ》と、東塔南谷の皇慶（九七七～一〇四九）を祖とする谷流《たに》の川谷二流が興立した。覚超や源信は、良源の四哲に数えられる弟子であった。その覚超の川流は早くに衰えてしまう。そして、後に形成される台密十三流の大半や、その他諸流の多くが谷流の流れを汲むことになる。台密十三流の一つである穴太流《あのう》から栄西《ようさい》の葉上流が出て来ることは注目を要する。

比叡山で修学した後に、禅宗の祖とされる人物は二人存する。臨済宗の栄西（一一四一～一二一五）と曹洞宗の道元（一二〇〇～一二五三）である。その中、栄西が密教の学匠として活躍したことには留意すべきであり、葉上流は後に継承されている。なお、曹洞宗も道元以降には密教化していくが、道元には密教の要素はない。

日蓮宗の日蓮（一二二二〜一二八二）も比叡山で修行した一人であり、密教にも造詣は深かったようであるが、『法華経』中心になっていった。

このように、鎌倉仏教の祖師たちが比叡山で学んだことから、比叡山は日本仏教の母胎と言われるようになったのである。

最後に、山王神道について触れておく。山王神道は天台宗の神道であり、最澄撰とされる「六所宝塔願文」（弘仁九年、八一八）に「大小比叡」の語が見られることから、その歴史は最澄に遡って論じられる。

その後の山王信仰については、円珍が注目される。仁和三年（八八七）円珍が七十四歳の時、延暦寺の年分度者として、大毘盧遮那経業と一字頂輪王経業の各一人を加えることが認められた。前者は大比叡《おおびえ》神分、後者は小比叡《おびえ》神分のためであった。そして、翌年の「制誡文」冒頭には「大小比叡、山王三聖」という語が見出されるのである。これは円珍直筆の文書として尊重されている。

こういった前提があって、山王神道が形成されていくが、今は省略する。典籍としては、『山家要略記』をはじめ、諸文献が神道大系や続天台宗全書に収められたので、これからも研究が進展するであろう。江戸時代には、天海（一五三六〜一六四三）が徳川家康（一五四二〜一六一六）のために山王一実神道を創始した。それは徳川家康を東照大権現として祀るためのものであった。

天台宗は智顗の時から、既に融合的な要素を持っていた。そして、日本天台では、新たに展開した密教を加えることで、一層その度合いを増した。比叡山は修行と学問の山であり、総合学問所としての役割も果たしていたのである。最澄が天台法華宗と名づけたように、中心は鳩摩羅什訳『法華経』にある。鳩摩羅什が翻訳した仏教語が、日本の文化や思想を育む言語として、比叡山から伝播したことは言うまでもない。智顗によって確立された天台法華教学を根幹としつつ、日本天台の仏教が培って来た総合性・多様性は、日本の文化の基盤となり、広汎な影響を与え続けたのである。

〈コラム7〉光定と円澄

本書では、随所に光定（七七九〜八五八）とその著『伝述一心戒文』三巻に言及している。『伝述一心戒文』が大乗戒独立の経緯を伝える重要書目であることは知られている。光定は最澄が没した翌年である弘仁十四年（八二三）年に、義真を戒和上として大乗戒を授与された。光定戒牒は嵯峨天皇の宸筆が現存する。（本書第七章）

現存する『伝述一心戒文』には読みにくい箇所があり、それらが本来の成立事情に関わるものであるか、後の伝承でそうなったか分からないところがある。「照千一隅」の文字もそうであり、伝教大師全集巻一、大正新脩大蔵経巻七四所収本では「照十一隅」となっていて、註で直すとしても「照于一隅」としかならない。ところが、応徳元年（一〇八四）の良祐による写本は「照千・一隅」のように読めるものの、良祐写本を定本とする日本大蔵経（天台宗顕教章疏）所収本では「照十《式作一》隅」となってしまっている。『伝述一心戒文』は基礎研究が必要であり、それを進展したいと思っている。

『伝述一心戒文』には、初代天台座主義真の後継者を円澄（七七一〜八三七、一説七七一〜八三六）に定める上での文書が収められ、特にそれは巻下の特色となっている。要を言えば、義真が推挙する円修《えんしゅ》の排斥を行ったのである。その事情の説示として知られるのが、『元亨釈書』巻三〇（黜争史）に見られる次の記述である。

天長十年（八三三）七月、叡山の義真寂《じゃく》す。座主の位を以て私《ひそ》かに円修に授く。大衆《だいしゅ》は肯《うけが》わず、山上鼓譟《こそう》す。（義）真の徒にして、（円）修と党《とう》する者は五十余輩なり。大衆之を擯《しりぞ》く。尚書右丞和の真綱に勅して、山に上って円修の座主職を罷《や》む。（円）修は和州室生山に移り、承和中に入唐し、帰って山雲寺に住す。

ここに円修が室生山に移ったことが明記されている。そして、円澄が第二代天台座主となったのは承和元年（八三四）三月のことであった。

円澄の密教については、延暦二十三年（八〇四）に最澄が入唐した後、桓武天皇のために紫宸殿で五仏頂法を修したとされることや、最澄・光定らと共に、弘仁三年（八一二）十二月に空海から胎蔵界灌頂を受けたことが挙げられる。最澄は円澄らに、年が明けても空海のところで学ばせた。二月には光定が『法華儀軌』（『観智儀軌』）一尊の法を受け始め、三月には、既受の最澄を除いて、円澄・光定らが金剛界灌頂を受けることになった。

その上で問題となるのが、円澄とその他によって天長八年（八三一）九月二十五日に書かれたとされる空海宛の「真言教を受学せんと懇請する書」（ここでは『寂光和尚残馨《ざんけい》集』による。同文書は続群書類従二八上「伝教大師消息」等にも所収）という文書である。やや長文であるが、以下に示しておく。

真言教を受学せんと懇請する書

延暦寺受法の弟子円澄は大阿闍梨に帰命す。円澄聞く、人が道を得れば則ち乍《たちま》ち覚位に登る。道が人に遇えば則ち忽ち法界に布《イ有》く、と。人・道相い得て普《あまね》く群《ぐん》生《じょう》を利す。是の故に或は巌に投じて半偈を請い、或は臂を断じて一観を求む。求法の義至れり、妙なるかな。

去る弘仁三年（八一二）冬、先師最澄大徳は大悲胎蔵・金剛界両部の大法灌頂の法を受けんが為に上表して云く、最澄は大唐に渡ると雖も真言を学ばず。今、高雄寺の空海阿闍梨に於いて真言秘法を受けん等、と云云。又、大阿闍梨に奉る書に云く、最澄は大唐に渡ると雖も未だ真言の法を学ばず。今望むらくは、大毘盧遮那胎蔵、及び金剛頂法を受学せん、と。者《て》えれば、此の誠請に依って、其の年の十二月十五日を以て、灌頂道場を開き百余の弟子と与《とも》に、持明《じみよう》灌頂の誓水に沐し、十八道の真言を学ぶ。梵字・真言の受学は稍《やや》難し。即ち和上に問うて云く、大法儀軌を受くること幾月にか得せしめんや、と。答えて曰く、三年にして功を畢《お》えん、と。歎じて曰く、本より一夏を期す。若し数年を経可《ふべ》くんば、若《し》かず、暫《しばら》く本居《ほんこ》に帰り、且《しばら》く本宗の事を遂げ後日に来り学ばんには。即ち四年の正月を以って真言を受学せしめんが為に、円澄・泰範・賢栄等を以て大阿闍梨に属し奉り畢んぬ。然りと雖も、比年限るに煩砕を以って未だ本意を遂げず。朝夕に顧み思って寝食安からず、と。

又、去る延暦の末に、天台宗の年分二人を度することを賜る。彼の官符に云く、一人には摩訶止観を学ばしめ、一人には大毘盧遮那経を学ばしむ、と。者えれば、止観の旨は盛んに叡峰に談じて師資の道を弘む。毘盧遮那の宗に至っては未だ良匠を得ず。文義の味、開示するに人無し。曼荼の行、誰か敢えて修行せん。今望むらくは先師の本願を遂げんが為に、胎蔵の大法を受学して、東山に流伝し国家を擁護せん。伏して乞う、大阿闍梨、慈悲の故に印可を垂れよ。弟子が若し両部大法を受くるの後、本源と力を争い非器の為に法を伝えば、則ち越法《おつほう》の罪は如来拯《すく》わず。永く無間《むけん》の人と為り、遂に成覚の期《ご》無からん。仰ぎ願わくは、三世の如来、十方の大士《だいじ》、諸天護法、斯の誓を証明せられよ。謹んで三十余の弟子と与に至心に祈請す。弟子円澄等、稽首和南す。

天長八年九月二十五日

延暦寺受法弟子

伝灯大法師位円澄
伝灯大法師位徳円
伝灯大法師位南覚
伝灯大法師位玄辺
伝灯大法師位戒円
伝灯大法師位治俊
伝灯大法師位治哲
伝灯大法師位治叡
伝灯大法師位実円
伝灯大法師位南亮
僧貞隆　叡融

最円　康延
澄豈　安愷
長基　安聖
道勢　広此
明仙　已下、十五人有り

別当大納言正三位兼行弾正尹藤原朝臣
参議正四位下守左近衛大将藤原朝臣
従五位上行大監物和気朝臣
従七位上行治部少録高階朝臣

この文書は冒頭部に、円澄がしたためたことが明記されている。そして「円澄聞く」として、人と道の関係を「人が道を得る」、及び「道が人に遇う」という観点から述べている。人と道についての名言は『論語』に遡及することができるのであり、そのことについては本書でも論じたところである〈コラム6〉最澄の言葉〉。しかし、ここでの解釈は『論語』とも異なり、『伝述一心戒文』によって伝えられている最澄の言葉とも一致しない。本来、それらの最重要な主張は「人が道を弘める」ことの力説である。その点が曖昧であり、この懇請書の信憑性を低くしている。

ともかく、この文書は最澄が空海から両部の灌頂を受けた弘仁三年（八一二）冬から翌年春の様子を伝えるものであり、書かれたのは天長八年（八三一）九月二十五日となっている。天長八年十月二十四日とする資料もあり、一箇月の違いである。いずれにせよ、最澄の没年が弘仁十三年（八二二）であることを念頭に置けば、唐突の出現といった感がある。最澄と空海に関連しては、最澄が空海から金剛界灌頂を受けた四日後である、弘仁三年十一月十九日付で、藤原冬嗣に十二月十三日に胎蔵界灌頂を受けるのための具の支援を願う書簡が知られている。すなわち、その中に「最澄は海外に進むと雖も、然れども真言道を闕《か》くなり。留学生海阿闍梨は幸いに長安に達して、具《つぶさ》に此の道を得たり。今、無常を告げて高雄に隠居す。最澄等は此の道の為に彼の室に向かう。来月の十三日を以て灌頂を受く可し。貧道は其の具、備え難し。謹んで受法の状を録し、伏して恩助せられんことを聞す。」と、自身の真言密教欠如について陳述しているのであり、その点に関しては右の文書と同趣意である。

円澄らの書状で、特に独自の内容として知られるのは、空海が授けた灌頂を持明灌頂と説述していること、そして、大法儀軌の受学に何箇月必要かを尋ねたところ、空海が「三年にして功を畢えん」と答えたことで、最澄が断念したと記されていることである。その最澄の言葉は「歎じて曰く」として示されているが、果たして最澄の発言そのものであろうか。この文書は天台宗の学匠である薬雋《やくしゅん》（〜一一〇九〜）が『天台宗遮那経業破邪弁正記』巻下で、捏造説を主張し、東寺の門人による偽書である可能性を指摘している。但し、それは十分な論証ではない。

現今、この文書について言及する研究も増加し、時代的背景を踏まえた上で円澄の真撰として扱われることが多い。但し、視座によってここに登場する人物に対する理解は異なるかもしれず、特に空海の研究者は、最澄と空海に関連する箇所について、両者の心情交流を含めた分析を試みている。しかしながら、突如として出現した文書であり、円澄についても事実として齟齬がないような内容に見えるかもしれないが、疑点のある資料であると言わざるを得ない。「持明灌頂」や「十八道」という要語が最澄の発言中に見られるとことも、その時点での最澄や他の受法者が、僅かであってもそういった知識を有するようになっていたか分からない。また、空海が三年という年限を提示した理由も不明瞭であるし、それを載せるということは、円澄以下の署名者たちが三年掛かっても受法したいということを認めていたことになるのであろうか。前記した、「人」と「道」についての記述もあり、偽撰説を支持したいと思う。

いずれにせよ、承和五年（八三八）に入唐する円仁が最新の密教をもたらすことで、空海の密教を基盤にしない台密が確立し、日本の密教を刷新し牽引する一大勢力となったことが揺るぎない事実として重要なのである。

最澄略年譜

年齢	和暦	西暦	事項
一	天平神護二	七六六	近江国滋賀郡古市郷に生まれる。幼名、広野。父は三津首百枝。
二（一）	神護景雲元	七六七	一説に、この年生誕。
一三（一二）	宝亀九	七七八	近江国分寺行表の門人となり出家。
一五（一四）	宝亀一一	七八〇	十一月十二日、得度。
一八（一七）	延暦二	七八三	正月二十日、度牒を授与される。
二〇（一九）	延暦四	七八五	四月、東大寺で具足戒を受ける。 七月中旬、比叡山に登り草庵を構え、その後「願文」を作成する。
二三（二二）	延暦七	七八八	七月、比叡山に一乗止観院を創建し、自刻の等身薬師如来像を安置したと伝えられる。
二六（二五）	延暦一〇	七九一	十二月二十八日、修行入位を受ける。
二九（二八）	延暦一三	七九四	九月三日、桓武天皇行幸し、一乗止観院初度供養を行うと伝えられる。
三二（三一）	延暦一六	七九七	十二月十日、内供奉に任ぜられる。近江の正税を賜る。 一切経論章疏記等の書写を行う。
三三（三二）	延暦一七	七九八	十一月、比叡山において初めて法華十講を修す（霜月会の始修）。
三六（三五）	延暦二〇	八〇一	十一月十四日、南都の十大徳を屈請し、比叡山で法華十講を修す。
三七（三六）	延暦二一	八〇二	正月十九日、和気氏の請により、高雄山寺にて十有余名の大徳と天台を講ず。

			九月十二日、還学生として入唐が認められ、十月二十日、訳語（通訳）として義真を伴うことが認許される。
三八（三七）	延暦二二	八〇三	四月十六日、遣唐使船に乗じ、難波より九州に向かう。
三九（三八）	延暦二三	八〇四	七月六日、遣唐使船第二船に乗じ、肥前を出発する。 九月一日、明州鄮県に着き、同十五日、明州を発ち台州に向かう。 九月二十六日、台州で陸淳に会う。陸淳は最澄のため、道邃に命じて『摩訶止観』を書写せしめる。 十月、仏隴で行満に謁す。 十月十三日、禅林寺翛然より牛頭禅を受ける。
四〇（三九）	延暦二四	八〇五	三月二日、義真と共に、道邃より円教の菩薩戒を受ける。 三月下旬、明州に戻り、四月上旬、越州へ向かう。 四月十八日、越州の峰山（頂）道場で、順暁阿闍梨より三部三昧耶の伝法を受ける。 五月十八日（一説、十九日）、遣唐使船第一船で明州を出発、帰国の途につく。 六月五日、対馬に着く。次いで長門に着く。 七月十五日、「進経疏等表（経疏等を進むるの表）」と共に金字の諸経典、その他を奉進する。 九月七日、高雄山寺で本邦初の灌頂を修す。
四一（四〇）	延暦二五・大同元（五月改）	八〇六	正月三日、諸宗にあわせ天台法華宗の年分度者二名を加えんことを上奏する。 正月二十六日、年分度者を賜る。（通常、天台宗の公認、独立開宗とされる）

			十一月二十三日、止観院において円澄ら百余人に菩薩大戒を授ける。（一説、十二月二十三日）
四二（四一）	大同二	八〇七	二月一日、法華長講を始修する。
四三（四二）	大同三	八〇八	三月八日、金光明長講を始修する。 七月、円仁（一五歳）が比叡山に登り最澄の弟子となる。（一説、大同五年）
四四（四三）	大同四	八〇九	八月二十四日、経珍に付して空海に経論等の借覧を請う。
四五（四四）	大同五・弘仁元（九月改）	八一〇	正月十四日、宮中の金光明会において、天台宗に四年分八人の年分度者を賜る。 春、三部長講を始修する。
四六（四五）	弘仁二	八一一	二月十四日、高雄山寺の空海宛、遍照一尊の灌頂を請う書状を送る。
四七（四六）	弘仁三	八一二	五月八日、泰範を山寺（比叡山寺）の総別当、円澄を伝法の座主とすることを遺言する。 六月二十九日、泰範が暇乞いをし、最澄は驚痛の返信をする。 十一月十五日、空海より金剛界灌頂を受ける。 十二月十四日、円澄・光定・泰範らと共に空海より胎蔵界灌頂を受ける。
四八（四七）	弘仁四	八一三	九月一日、『依憑天台集』一巻を著す。 十一月二十三日（或いは、二五日）、貞聡を高雄山寺に遣わし、空海に『文殊讃法身礼』『方円図』『注義』『釈理趣経』の借覧を請う。
四九（四八）	弘仁五	八一四	春、渡海の願を遂げるため、筑紫に赴き、宇佐八幡と賀春の神宮寺を参詣する。

五〇（四九）	弘仁六	八一五	三月一七日、七大寺に安置するため、嵯峨天皇に金字による『摩訶止観』の題の揮毫を願い、染筆を賜る。 八月、和気氏の請により、大安寺塔中院にて天台を講じ、論争をする。
五一（五〇）	弘仁七	八一六	五月一日、泰範宛の書状に、法華一乗と真言一乗の優劣なきことを記す。 この年、『依憑天台集』に序を付加する。
五二（五一）	弘仁八	八一七	二月、『照権実鏡』一巻を著し、徳一の『仏性抄』を破す。 春、東国に向かい、下野の大慈寺及び上野の緑野寺に赴く。
五三（五二）	弘仁九	八一八	二月七日、光定に一乗の号を授与する。 三月、自ら誓願して二百五十戒（小乗戒）を棄捨することを宣言する。 四月二十一日、六所宝塔の建立を発願する。 四月二十六日、九院を定める。 五月十三日、「天台法華宗年分学生式」（六条式）を制する。 五月十五日、「比叡山天台法華院得業学生式」を記す。 五月二十一日、天台の年分度者は大乗戒によることを上表する（「請菩薩出家表」）。 八月二十七日、「勧奨天台宗年分学生式」（八条式）を制する。 この年、『守護国界章』九巻（または三巻）を著し徳一の『中辺義鏡』三巻を破する。
五四（五三）	弘仁一〇	八一九	三月十五日、「天台法華宗年分度者回小向大式」（四条式）を制し、「請立大乗戒表」を上表する。 五月十九日、護命ら、僧綱が上表し、最澄の要請を拒否する。 十月二十七日、大乗戒に反対する僧綱の上表文が、光定を経て最澄に与

			えられる。 十二月十五日、『内証仏法相承血脈譜』一巻を著す。 この年、『顕戒論』三巻を著し、「天台法華宗年分得度学生名帳」「上顕戒論表」を記す。
五五（五四）	弘仁一一	八二〇	二月二十九日、『顕戒論』及び『内証仏法相承血脈譜』に「上顕戒論表」（再治）を添えて提出する。 この年、『決権実論』一巻を著す。
五六（五五）	弘仁一二	八二一	三月、『顕戒論縁起』二巻を提出する。 この年、『法華秀句』三巻（または五巻）を著す。
五七（五六）	弘仁一三	八二二	二月十四日、伝灯大法師位を賜る。 四月、遺言・遺誡をする。 五月十五日、天台一宗を義真に託す。 六月三日、大乗戒認可の勅許が下る。 六月四日、比叡山中道院にて入寂する。 六月十一日、大乗戒認可の太政官符が出される。 十一月、嵯峨天皇より六韻の哭詩を賜る。
	弘仁一四	八二三	二月二十六日、延暦寺の号を賜る。
	貞観八	八六六	七月十四日（一説、十二日）、伝教大師の諡号を円仁の慈覚大師と共に賜る。

参考文献

本書の執筆には、多くの秀逸な先行研究を参考にさせて頂いた。概説という性格上、本文中には一一それを示していないが、以下に示した参考文献以外の論考からも多大な恩恵を被っている。心より謝意を表したい。

三浦周行『伝教大師伝』天台宗務庁、一九二一。
塩入亮忠『伝教大師』日本評論社、一九三七。後に名著出版より再刊、一九八三。
常盤大定『支那仏教の研究』(二)春秋社、一九四三。
福田堯穎『天台学概論』文一出版、一九五四。
関口真大『天台小止観の研究』山喜房佛書林、一九五四。
関口真大訳註『天台小止観』岩波文庫、一九七四。
本田綱祐『訳註 叡山大師伝』金聲堂書店、一九六八。
勝又俊教『密教の日本的展開』春秋社、一九七〇。
清水谷恭順『天台密教の成立に関する研究』文一出版、一九七二。
天台学会編『伝教大師研究』早稲田大学出版部、一九七三。
浅井円道『上古日本天台本門思想史』平楽寺書店、一九七三。
安藤俊雄・薗田香融『最澄』(日本思想大系)岩波書店、一九七四。
田村晃祐編『最澄辞典』東京堂出版、一九七九。
田村晃祐編『徳一論叢』国書刊行会、一九八六。
田村晃祐『日本の仏典1　最澄』筑摩書房、一九八七。

田村晃祐『最澄』（人物叢書）吉川弘文館、一九八八。

田村晃祐『最澄教学の研究』春秋社、一九九二。

福井康順監修『伝教大師研究　別巻』早稲田大学出版部、一九八〇。

福井康順『日本天台の諸研究』法藏館、一九九〇。

佐藤哲英『続天台大師の研究』百華苑、一九八一。

木内堯央『伝教大師の生涯と思想』（レグルス文庫）第三文明社、一九七六。後に春秋社より再刊、二〇〇四。

木内堯央『天台密教の形成』渓水社、一九八四。

三﨑良周『台密の研究』創文社、一九八八。

菅原信海『山王神道の研究』春秋社、一九九二。

佐伯有清『伝教大師伝の研究』吉川弘文館、一九九二。

佐伯有清『最澄とその門流』吉川弘文館、一九九三。

佐伯有清『若き日の最澄とその時代』吉川弘文館、一九九四。

佐伯有清『最澄と空海――交友の軌跡――』吉川弘文館、一九九八。

大久保良峻『天台教学と本覚思想』法藏館、一九九八。

大久保良峻編著『山家の大師　最澄』吉川弘文館、二〇〇四。

大久保良峻編著『天台学探尋』法藏館、二〇一四。

大久保良峻『最澄の思想と天台密教』法藏館、二〇一五。

高木訷元『空海と最澄の手紙』法藏館、一九九九。

木村周照編著『照千一隅論攷』青史出版、二〇〇二。

武内孝善『弘法大師空海の研究』吉川弘文館、二〇〇六。

柳澤孝『柳澤孝仏教絵画史論集』中央公論美術出版、二〇〇六。

飯島太千雄編『最澄墨宝大字典』木耳社、二〇一三。

Paul Groner, *Saicho: The Establishment of the Japanese Tendai School*, BERKELEY BUDDHIST STUDIES SERIES Vol.7, 1984. Universuty of Hawai'i Press より再版、2000.

図録『最澄と天台の国宝』読売新聞社、二〇〇五。

図録『比叡山と東海の至宝　天台美術の精華』名古屋市博物館、二〇〇六。

『伝教大師真蹟集成』法藏館、一九七九。

あとがき

最澄の一生を述べた書物は多々あり、時間の変化に伴って、それぞれの作者による新知見が示されているようである。本書は最澄の一生を、その後の影響にも注目して、やや学問的な味付けをした概説として論じたものである。偶々、最澄の伝記について台湾から執筆依頼を受け、その執筆中に法藏館の今西智久氏からもお話しを頂いたことが機縁となった。以前から、もう少し時間を掛けて私なりの最澄論を書きたいと思っていた。しかし、研究は遅々として進まない。そこで、台湾で出版した時の元原稿に補足を加え、日本での出版用に改稿することにした。

最澄の伝教大師号は、日本で朝廷から諡号として授与された最初の大師号である。大師という称号は高僧に対する尊称としても用いられていることから、別に、叡山大師、根本大師、山家大師、最澄大師等と呼ばれることもある。台湾版は『最澄大師』（胡建明氏訳）と名づけられたが、日本では『伝教大師　最澄』という書名を採用した。

最澄は自身の願いを現実のものとし、日本仏教が進むべき方向性を築いた人物である。最澄が没したのは八二二年のことであり、公文書に基づけば五十七歳であった。現在、コロナ禍で六十五歳以上を高齢者と呼び、日々注意を促す音声が耳に残る。最澄の生涯がそれより短かったとしても、その燭光は今に灯《とも》り続ける「法《のり》のともし火」として受け継がれている。最澄の一生を見ると、やはり四苦を免れないことを感じると共に、その功績が偉人としての価値を持つものであることが分かる。

最澄伝の執筆を依頼されたのは思い掛けない出来事であったが、奇しくも、二〇二一年は没後一二〇〇年の大遠忌に当たる。比叡山は仏教の山として、日本の思想・文化の中枢となっていく。最澄が開創した比叡山の仏教は、その総合性においても、様々な観点から注目されている。

仏像について附言すれば、本書の中で紹介しているように、最澄は比叡山開創後、自刻の薬師如来像を一乗止観院に安置したと伝えられている。薬師如来の信仰は、病苦から逃れることができない衆生を救い、人々に安寧を与えるためのものでもある。目に見えない祈りの力への期待がある。現在のコロナ禍においても、諸寺院で、薬師如来や諸尊への祈りが捧げられていることであろう。『叡山大師伝』には、入唐前の最澄が、九州の太宰府で、渡海の平穏のために白檀で六尺ほどの薬師仏四軀を造ったことが記されているのであり、やはり、最澄自らが仏像を彫刻したと考えられている。『叡山大師伝』では、帰朝後、九州巡化の折にも、白檀で五尺の千手観世音菩薩像一軀を造ったことを伝えている。

最澄に文化人としての一面があることは墨書等に依っても知られるが、本書では、主に求道者として、修学・修行に邁進し、人々との交流を行い、短かい生涯のうちに斬新を極める総合的仏教を体現しつつ、日本天台宗を開創したことを論じてみた。本書が、千二百年以上前に最澄が呼吸をしていた比叡山へと、思いを馳せる架橋となることを望むものである。

私は大学では東洋哲学コースに所属し、漢文文献によって中国や日本の仏教を講じている。中でも、平安期の天台宗の思想や歴史の解明は大きな課題の一つであり、特に原典を正しく読むことで一見難解に見える思想の展開が摑めると考えている。本書では、引用文については原漢文の訓読を示すことを基本とした。実は最澄以来の天台宗の仏教が、日本の文化や思想の底流とも言うべき役割を果たしたことを念頭に置けば、訓読した漢文によって直截に重要な事柄が伝わることも首肯されると思う。訓読には困難が伴う場合もあり、加えて、正確に読まないと意味が取れないものの、若干の解説によって正しい読みを示せば、口語訳はなくても正鵠を失うことはない。口語訳は場合によっては、本来の文意を損なうことがあるのも事実である。

訓読は全くの肉声ではないが、最澄や弟子達の言葉を記録した文献が残っているのであり、使われている文字を活かすことで真意の伝達が可能になるのである。『法華経』をはじめとして、最澄周辺の文献で用いられている言葉は実は日本語として流布している。本書では、流れを押さえることに主眼を置いているので、十分な註を施していないが、仏教語に詳しくない方は、かなりの語彙が身近にある国語辞典系の電子辞書で理解できることを実感して頂けると有り難く思う。仏教漢文は、基本的に呉音で読むという特色を有するので、呉音と漢音については若干の知識が必要な場合がある。諸々の漢和辞典では一般的な仏教語でないものは、呉音で採録されていないことも多く、しかも、呉音の扱いも一定していない。しかし、仏教語が日本の文化的基盤となったことは確かであり、漢字に幾つかの音読みがあることを踏まえた上で、特に国語辞典を活用してほしい。それにより、様々な仏教語が日本語として定着してきたことも理解して頂けたら別の意味での喜びである。但し、読み仮名については、私なら経典の音読で使われている呉音で読みたい語句が、大きな国語辞典でも漢音と呉音の組み合わせで採録されていたりするので、私自身必ずしも統一できないでいる。恐らく、様々な時代における読み方の流布・定着にも起因を求めることが可能であろう。

最澄の伝記は、参考文献の中に生涯を扱ったものの幾つかを紹介したが、それぞれ特色

を有する優れた著作である。そのような中で、敢えて原典尊重による概説書を上梓したのは上記のような事情による。最澄研究はこれからも進展していく要素が多々ある。現時点での私の見解も幾つか示させて頂いている。御高批を請う次第である。

本書が成るに当たっては、法藏館の今西智久氏から諸事に亙る助力を得た。また、校正についても、今西氏を筆頭に、法藏館には大変お世話になった。加えて、早稲田大学大学院博士課程の学生数名にも、校正の確認をお願いした。懇切な示唆を与えてくれた各位に、心より御礼申し上げたい。

二〇二一年　梅花飛散の砌

大久保良峻

大久保良峻（おおくぼ りょうしゅん）

1954年神奈川県に生まれる。1978年早稲田大学第一文学部（心理学専修）卒業。1983年早稲田大学大学院文学研究科修士課程（東洋哲学専攻）修了。1989年同博士課程退学。2002年博士（文学）早稲田大学。現在、早稲田大学文学学術院（文学部）教授。天台宗勧学。著作『天台教学と本覚思想』、『台密教学の研究』、『最澄の思想と天台密教』。編著『新・八宗綱要』、『天台学探尋』（以上、法藏館）、『山家の大師　最澄』（吉川弘文館）、『日本仏教の展開』（春秋社）など。

伝教大師《でんぎょうだいし》 最澄《さいちょう》

二〇二一年六月一〇日　初版第一刷発行

著　者　大久保良峻

発行者　西村明高

発行所　株式会社　法藏館

京都市下京区正面通烏丸東入

郵便番号　六〇〇-八一五三

電話　〇七五-三四三-〇〇三〇（編集）

〇七五-三四三-五六五六（営業）

装幀　上野かおる

印刷　立生株式会社　製本　新日本製本株式会社

ISBN 978-4-8318-7744-4 C0023